Edgard Abbehusen

Acredite na sua capacidade de superar

Planeta

Copyright © Edgard Abbehusen, 2020
Copyright © Editora Planeta do Brasil, 2020
Todos os direitos reservados.

Preparação de texto: Fernanda Guerriero Antunes
Revisão: Nine Editorial e Vanessa Almeida
Diagramação: Nine Editorial
Capa: Helena Hannemann | Foresti Design

Dados Internacionais de Catalogação na Publicação (CIP)
Angélica Ilacqua CRB-8/7057

Abbehussen, Edgard
  Acredite na sua capacidade de superar / Edgard Abbehussen. – São Paulo: Planeta do Brasil, 2020.
  176 p.

ISBN 978-65-5535-067-8

1. Crônicas brasileiras 2. Autorrealização 3. Felicidade I. Título

20-2006 　　　　　　　　　　　　　　　　　　　　　　　　　　　CDD 158.1

Índices para catálogo sistemático:
1. Crônicas brasileiras

2021
Todos os direitos desta edição reservados à
Editora Planeta do Brasil Ltda.
Rua Bela Cintra, 986, 4º andar – Consolação
São Paulo – SP CEP 01415-002.
www.planetadelivros.com.br
faleconosco@editoraplaneta.com.br

Dedico à minha irmã, Ana Cristina Abbehusen, e ao meu cunhado, Wilson Feitosa de Brito Filho, toda a emoção e todo o empenho que transbordei em escrever este livro. Obrigado por TODO o apoio. Sem vocês, nada disto seria possível.

SUMÁRIO

PARTE I   TELHAS E TRILHOS • 6
PARTE II   SOMBRAS E SOBRAS • 46
PARTE III LUZ E ILUSÃO • 82
PARTE IV   TEMPOS E TEMPERATURAS • 119
PARTE V   ORAÇÃO E CORAÇÃO • 151
PARTE VI   PAZ • 168

PARTE I
TELHAS E TRILHOS

Eu sou das poucas vontades e dos muitos desejos. Eu sou aquela multidão que passa distraída pelos próprios problemas nas avenidas das grandes cidades. Eu sou uma cidade em chamas. Sinto comigo todos os gostos e, por desgosto, já não amo mais como antes. Eu ainda amo, pois, quando morreu, o amor renasceu através dos meus muitos desejos, apesar da pouca vontade de fazê-lo crescer de novo. Sou essa loucura insana das tardes de quinta-feira passando pela saudade alheia em posts do Instagram. Sou a própria saudade do que sou, a própria vida que observa o Sol se pôr. Sou tudo enquanto nado no meio dos vários nadas de gente achando que não tem nada a perder enquanto se perde de si. Sou o sonho que me faz acordar para a vida. E a vida, quando me perco dos sonhos. Só não saio dos trilhos. Eu sou o próprio trilho.

ACREDITE NA SUA CAPACIDADE DE SUPERAR. Uma dor, um amor, uma lágrima. Não somente superar para sobreviver, mas para entender os recados. Para compreender os sinais e para fortalecer a sua intuição.

Por vezes, parece impossível caminhar sem a pessoa que participava dos seus dias, das suas noites e dos seus fins de semana. Parece impossível colocar nas mãos do tempo a cura de que precisa. Parece não ter remédio.

Só parece.

Não é sobreviver, é viver com tudo o que você tem direito, apesar de todas as dores que você sentiu. Com a esperança e a vontade de continuar a sua vida, abrindo todas as portas e todas as janelas para o novo. Seja a sua própria novidade quando o assunto for recomeçar.

É nessa capacidade de viver que você precisa acreditar. Só assim o amor não será apenas um conto de fadas, mas vários dentro de todas as possibilidades que a vida oferece. Cada relação com a sua lição, com a sua importância, com o seu beijo único, com o seu abraço único e a com a sua entrega única.

Acredite: vale muito a pena seguir em frente.

**SEJA A SUA PRÓPRIA
NOVIDADE QUANDO
O ASSUNTO FOR
RECOMEÇAR.**

O QUE ONTEM ERA PARA SEMPRE, HOJE, PARECE QUE NUNCA EXISTIU. Mas eu sei que você é capaz de resistir a esse momento. Eu sei que nada do que viveu até aqui foi em vão ou por acaso. Eu sei que as coisas vão melhorar, pois esse é o princípio do recomeço.

Primeiro, não recomeçamos por querer. Recomeçamos porque é essa a força natural do amor. É isso que vai nos fortalecer e nos entregar todos os remédios necessários para a nossa coragem se reerguer.

Coragem para amar de novo. Para acreditar de novo. Para olhar o novo e pensar: *É possível, sim. Eu mereço.*

O AMOR QUE O OUTRO
SENTE PELA GENTE PODE
DEIXAR DE SER PARA
SEMPRE, MAS AQUELE
QUE EXISTE DENTRO DE
VOCÊ SEMPRE SERÁ.

O TEMPO RESPONDE ÀS PERGUNTAS, CURA AS FERIDAS E VAI RECONDUZINDO O NOSSO OLHAR PARA A FELICIDADE. Partidas inesperadas, dores insuportáveis, lágrimas no travesseiro. Todo mundo já viveu essa dor causada por um amor que acabou.

Ao sermos curados, percebemos a quantidade de presentes que chegaram com as partidas. Todas as coisas que foram tiradas para nos ofertar as boas e inesquecíveis chegadas. As dores que nos fizeram crescer. O quanto aquilo que parecia ser insuperável nos encheu de experiência.

Um dos meus segredos quando tudo desmorona de repente é preservar a minha paciência. É sempre bom fortalecer a fé que carregamos no coração para deixar a tempestade passar – pois ela sempre passa.

O Sol, quando nasce, traz as respostas de que a gente precisa. E, se ele pudesse falar, talvez diria: "Nunca é tarde para brilhar em amor neste novo e lindo dia".

HOJE, VOCÊ FICA NA ANSIEDADE E NA EXPECTATIVA DE QUE A PESSOA QUE VOCÊ QUERIA TER POR PERTO MANDE UM SINAL DE VIDA. Um sinal de fumaça. Algum sinal para você se aproximar de novo. Uma iniciativa. Hoje, você confunde tudo. Busca respostas que nunca terá.

Hoje, você confere o celular minuto a minuto. Stalkeando, registrando, criando teorias por legendas postadas. Oscilando entre a vontade de ter e de esquecer. Usando todas as suas forças para entender que acabou.

Hoje, você não dorme direito. Não come direito. Não se enxerga como deveria. Não compreende que deve seguir a sua vida com a tranquilidade de quem tentou e de quem fez tudo o que era possível fazer.

Um dia me disseram que a fortaleza de um é a fraqueza do outro. E isso é mais do que certo. Não que seja um jogo ou uma teoria. É uma lei. Sempre queremos, com muita vontade, o que nos parece impossível. E enquanto estamos ali, ajoelhados e implorando por um sentimento, somos invisíveis.

Mas quer saber de uma coisa? No dia em que você levantar os seus joelhos do chão e seguir a sua vida. Quando você cansar e perceber que existe um mundo de possibilidades além daquela história.

Assim que você estiver bem, com o coração em paz, aquela mensagem tão esperada vai chegar ao seu celular. Nesse dia, acredite, seja lá qual for o conteúdo dela não fará mais diferença para você. E o seu coração vai continuar batendo no mesmo ritmo: sem arritmias, sem taquicardia.

Você vai lembrar, **só que não** vai doer mais.

TODAS AS TENTATIVAS FORAM ESGOTADAS. Todas as fórmulas já foram usadas. Nem você é feliz, nem está deixando o outro feliz. Eu sei que a convivência é boa, que você tem bons motivos para ficar. Só que a paixão, o desejo e a alegria de estarem juntos não existem mais. Vocês se gostam, mas não se olham como antes.

É difícil admitir diante do costume. É confortável viver assim. No morno, no reto e no imutável. Você sabe que não há mais possibilidades. Ambos olham para o futuro e não se enxergam pertencendo à realidade do outro. As folhas do caderno dessa história acabaram. Não tem mais caminho, nem curva, nem nada. Só duas pessoas tentando fazer a coisa certa, não mais fazer dar certo.

Vai ter sofrimento. Vai ter saudade. Mas é a saudade aliviada por ter acabado algo que estava acabando com o melhor que restou de duas pessoas que um dia se amaram tanto, a ponto de decidirem ficar juntas. Coragem. O que vem depois é paz, liberdade e consciência tranquila.

Você sabe que o outro é uma pessoa boa e merece alguém que lhe ofereça mais do que você tem oferecido. E o contrário também, é claro. Vocês são ótimos, já foram bons juntos e hoje, por algum motivo que nem sempre precisa existir, já podem seguir sozinhos os seus destinos.

Coragem, amor e paciência. Sempre restarão bons sentimentos e boas lembranças no coração de quem decide ir por amor. De quem deixa ir por amor. Mas não o amor romântico dos personagens de livros e filmes. O amor do respeito, da consideração, da maturidade e do entendimento de que tudo que é bom pode acabar. Inclusive as histórias mais lindas, verdadeiras e repletas de intensidade.

CORAGEM. O QUE VEM DEPOIS É PAZ, LIBERDADE E CONSCIÊNCIA TRANQUILA.

NADA MELHOR DO QUE TER O SEU CORAÇÃO EM PAZ. Você fez a sua parte, deu o seu melhor e amou muito mais do que deveria ter amado. Uma hora a corda iria arrebentar, mas acredite: você nunca foi o lado mais fraco dessa história.

Há beleza, esperança e vontade de viver no seu olhar. Não desista de caminhar e seguir em frente. De viver outros amores. De viver outras histórias. De ser sempre por você.

Entenda que tudo o que não nos faz bem, um dia, deixa de ser necessário. Em breve você vai experimentar beijos, abraços e momentos que irão te mostrar que o seu coração é a morada dos sentimentos nobres. E isso fará toda a diferença nas suas próximas relações.

Antes de qualquer coisa, cure-se. Cure-se das mágoas, do ressentimento, da saudade e da dor. Cure-se de qualquer resquício de amor que ainda restou em seu coração. Ninguém merece te oferecer um beijo doce enquanto você sente o gosto de remédio na boca.

O tempo vai te ajudar a enfrentar os dias ruins. O clichê servirá como chá em suas tardes mais tristes: vai passar. E passa, mesmo.

Pergunte a qualquer um que já sofreu por amor como foi renascer. A resposta é sempre a mesma: o tempo. Em cada caso, em cada história, em cada contexto, esquina e quarto, o tempo vai curando de tempos em tempos.

―――――
**PERGUNTE A QUALQUER
UM QUE JÁ SOFREU
POR AMOR COMO
FOI RENASCER.
A RESPOSTA É SEMPRE
A MESMA: O TEMPO.**

QUERER ALGUÉM JAMAIS DEVE SER UM ESFORÇO QUE MALTRATA O NOSSO CORAÇÃO. Uma luta que deixa os nossos ombros pesados. O querer alguém jamais deve prejudicar a nossa autoestima.

Quando queremos algo, colocamos muita energia em prol desse querer. Quando queremos uma pessoa, quando gostamos dela, fazemos o possível para tê-la por perto. E isso muitas vezes desgasta, maltrata e machuca o nosso coração.

Ninguém deve ser responsável pela nossa felicidade. A sua vida é bonita demais. O seu coração é lindo demais. E você **é** muito especial para ficar pelos cantos mendigando atenção, carinho, cuidado e a presença de quem não enxerga o valor que você tem.

Por mais que você queira, tente perceber o lado bom que existe dentro de si. Valorize o que você é e o que você tem. Valorize-se!

Tem alguém, em algum lugar, que te olha com os olhos da esperança. Quando você consegue admirar o seu coração, aprende a perceber quem te admira com o coração.

A NOSSA INTUIÇÃO É SAGRADA. Não significa que devemos levar tudo o que ela nos diz ao pé da letra, porque ela pode ser influenciada apenas por uma falta de simpatia, pelo momento que estamos passando ou pelo excesso que nos rodeia quando desconfiamos de algo.

Só que precisamos respeitar quando a nossa intuição se manifesta. Escutá-la, sabe? Não a desconsiderar por completo. Porque, se foi aceso o sinal, se o alarme tocou, se algo sussurrou no nosso ouvido, é porque no mínimo devemos ir mais devagar.

O ideal é ficar atento. Não se deixar enganar por equívocos. Mas apurar os ouvidos e tentar compreender a direção.

A intuição não desperdiça forças em vão. Ela só abre o alerta quando tem certeza de que alguém vai sair prejudicado de uma história. É que, quando temos caráter, a nossa intuição também se preocupa com o próximo. E se ela percebe que não estamos na mesma sintonia em que pensamos estar, ela avisa. Acredite. Ela avisa, sim.

Então, não tenha medo, mas respeite o seu faro. A voz que vem de dentro – que você tropeçou, caiu e se ralou tanto para deixá-la mais apurada – merece atenção. Afinal de contas, cicatrizes sentimentais não devem ficar no coração por ficar. Faça valer a pena cada experiência que viveu.

TEM GENTE QUE SUBESTIMA O AMOR. Acha que pode ir e seguir abandonando-o. Prefere morrer de saudade a morrer de amor.

Só que o orgulho e a vontade não ocupam o mesmo lugar. Apenas um deles vence a batalha interna no coração da gente. Beijam-se outras bocas. Viajam pelo mundo ou através dos sonhos. Aumenta a intensidade do som e a quantidade da bebida na balada. Mas a gente sempre se esbarra com a lembrança do que tem que ser da gente, né?

E, a cada tombo de realidade que a gente toma, um gole de esperança desce pela nossa garganta quando concluímos que esquecer não será tão fácil como imaginávamos.

É que não há dinheiro, festa ou farra no mundo que suborne um coração para ele esquecer uma história. O amor não se vende. Não se entrega à felicidade momentânea que sentimos ao acreditarmos que estamos prontos para seguir. O amor luta pela nossa felicidade.

Por isso, a gente larga tudo por ele e vai até os braços com os quais nossos abraços conseguem ter paz. Por isso, os antigos diziam que o amor não tem preço. Por isso, ele não vem com etiqueta nem fica disponível nas prateleiras do mercado.

Atravessamos o oceano se for preciso. E quanto mais uma batalha é vencida todos nós vibramos, pois não é apenas um casal que vence, mas o amor. O amor que contagia e inspira outros casais por aí a viverem intensamente as suas lindas e incríveis histórias de amor.

O QUE NASCEU PARA SER NOSSO FOI O AMOR QUE MORA DENTRO DE NÓS. Só que, quando alguém decide deixar o nosso coração partido, dói. Machuca. Visivelmente, estamos bem, mas sofremos uma hemorragia de sentimentos. Sangramos e doemos sem que ninguém perceba. E, por ser única, não conseguimos explicar nem as pessoas conseguem dimensionar como estamos nos sentindo. Dor é particular. Vem de vez, sem pena. Tira-nos a paz, o sono e o sorriso verdadeiro.

Se a gente respira, dói. É, eu sei como é. Se o coração bate, dói. Eu compreendo. Acordar dói. E perceber o relógio se aproximando da hora de deitar-se dói mais ainda.

Porque é na cama que a gente grita. É lá que a dor aparece, e parece saltar de dentro da gente para nos atormentar. Que esfrega na nossa cara o que perdemos. O que não podemos mais ter. E tenta nos convencer de que não vamos conseguir.

E a gente tem medo do dia seguinte. A dor é peculiar. Dinâmica. Porém, nem tão sagaz quanto tenta parecer.

Dói, eu sei. E quando dói não adiantar falar nada. Ouvir nada. Conselhos simples parecem complicados demais para serem seguidos.

Por isso, eu só queria dizer que essa dor vai passar. E quando ela passar, ainda que fiquem as cicatrizes invisíveis, nunca mais vai doer igual.

Pois tudo nos leva a aprender que só o nosso amor, aquele tal clichê do amor-próprio, vale a pena. Esse é só nosso e de mais ninguém.

QUANDO A GENTE AMA, CUIDAR É O MÍNIMO. E o cuidado se manifesta nos detalhes. Nas pequenas doses escondidas nos minutos de um dia corrido.

O cuidado com quem a gente ama não deve ser razoável. Tem que ser mantido sem ser cobrado, entende? É que, quando alguém nos cobra cuidado, algo anda errado.

Porque o cuidado e o zelo são a base essencial para fazer algo dar certo.

Nada com descuido vinga. Nem na vida, nem no trabalho, nem nos estudos, planos, projetos, muito menos no amor.

O descuido pega a semente que você alimentou lá no início, durante a conquista, e mata de fome. O descuido é uma praga que se alastra e faz você se tornar um estranho para quem você ama.

Pense que, por um descuido, você pode perder. E não há perdão que alimente uma relação ferida por falta de cuidado.

Ligue e diga que ama quantas vezes for preciso. Abrace o seu amor. Beije muito e com vontade, como se fosse o primeiro beijo.

Surpreenda. Compre flores. Comam juntos. Dancem juntos. Façam coisas juntos, mesmo que você não esteja muito a fim naquele dia. Abra mão de certos preconceitos e ouça a música que ela gosta de ouvir pelo menos uma vez.

Regue o jardim. Colha as flores. Usufrua dos frutos. Elimine os excessos, quando necessário. Mostre ao amor que você está naquela relação por merecimento.

Cuide agora, como se amanhã não houvesse amor para você cuidar. Afinal, não saberemos quando será a nossa última oportunidade de abraçar quem a gente ama.

TEM COISAS QUE A GENTE SÓ APRENDE VIVENDO.
E o que a gente viveu acaba se tornando uma referência. Já escutei de pessoas que namoro a distância não dá certo. E conheço casais que passaram anos namorando a distância e hoje estão bem, felizes e juntos. Ouço de algumas amigas que "vai e volta não funciona", e conheço, também, casais que foram e voltaram várias vezes e, desse jeito meio torto, se reconheceram como verdadeiro amor e estão juntos até a finalização deste parágrafo.

Cada casal sente as suas dores, enfrenta os seus problemas e vive as suas experiências de forma única. Não existe uma regra. E só pelo fato de não ter dado certo com aquele conhecido, não significa que não vai dar certo para você.

Não tenha medo de viver um amor. De arriscar viver uma história de amor. Tenha medo de viver uma vida de mentira. De solidão conjunta, entende? Tenha medo do que quebra fácil. Do que não se sustenta. De quem não está contigo para o que der e vier, e saiba demonstrar além das palavras que, quando o mar ficar turbulento, você terá, ao menos, um apoio moral.

As histórias de amor são para serem vividas. Só no viver podemos saber que algo vai para a frente. Que vai vingar. Ouça a sua intuição, ouça alguns conselhos e saiba que, assim como pode dar errado, como aconteceu com alguém que viveu algo parecido, para você pode dar muito certo.

Se tivesse fórmula, seria tudo muito fácil, insosso e sem graça. E eu acho que é essa a grande emoção da vida. Sermos únicos com histórias únicas para contar. Porque mais importante do que saber para onde ir é saber que estamos indo. Com fé, amor e esperança de que seremos felizes não só no final, mas durante boa parte da caminhada.

SE TIVESSE FÓRMULA, SERIA TUDO MUITO FÁCIL, INSOSSO E SEM GRAÇA. E EU ACHO QUE É ESSA A GRANDE EMOÇÃO DA VIDA. SERMOS ÚNICOS COM HISTÓRIAS ÚNICAS PARA CONTAR.

UMA HORA É PRECISO SEGUIR EM FRENTE. Aparar a aresta do coração que ficou machucado. Polir o sorriso para que ele brilhe mais. E viajar para novos destinos. Aproveitar novos amores. Sentir o gosto doce de outras bocas. Dançar ao som de outros ritmos. Sentir-se bem. Ficar à vontade na solidão da leitura de um livro. E até fazendo ou recebendo um cafuné enquanto a novela passa.

Uma hora, seguir em frente é preciso. É quase uma necessidade de sobrevivência. O nosso organismo pede isso. Fica protestando contra a dor que nem sentimos mais, sabe? Seguir faz parte do nosso instinto. É quando a gente não consegue mais chorar e se esforça até para sentir saudade do que passou. Quando conseguimos voltar a lugares. Quando começamos a enxergar o futuro, sem o passado.

Não é pecado seguir em frente. E nem existe tempo exato para isso. Você pode encontrar o amor da sua vida um mês após ter terminado com quem você acreditava ser o amor da sua vida. É complicado julgar, porque os que julgam, geralmente, estão paralisados com medo de viver. Não conseguem tentar nada. E quem não sabe ser intenso não é capaz de opinar sobre a experiência de quem se joga. De quem aproveita e vai. De quem se arrisca e vive.

Por isso, não deixe de ir. Vá quando o seu coração estiver preparado e a sua alma tiver segurança para voar. Vá com a intenção de ficar, não de arriscar. Vá, porque o mundo abre os braços para quem sabe abraçar as oportunidades com força e coragem.

Siga em frente, mesmo. Não vire só a página. Escreva outra história, começando do zero. Troque a cor da caneta, a ordem dos capítulos, mude a letra. Organize tudo de novo.

Não tem mistério para ser feliz nesta vida. Basta acreditar que você pode ser feliz. E que a felicidade é direta, é objetiva e muito simples.

QUEM NÃO SABE SER INTENSO NÃO É CAPAZ DE OPINAR SOBRE A EXPERIÊNCIA DE QUEM SE JOGA. DE QUEM APROVEITA E VAI. DE QUEM SE ARRISCA E VIVE.

A CARÊNCIA É UMA DAS PIORES MERDAS QUE EXISTEM NA VIDA. Sério. A carência deixa todas as nossas portas abertas. Todas as janelas escancaradas. Acesso fácil e garantido para o seu coração, que escuta um "eu te amo" até quando o cachorro late. Não é exagero.

Por isso, quando estiver carente, respire fundo. Tenha calma. Mesmo diante da intensidade que deixa o seu estômago agoniado e faz você sentir borboletas voando, quando, na verdade, é só uma brisa boa sacudindo as flores do seu jardim.

Quando estiver carente, procure pessoas que somam mais do que te sugam. Procure coisas que te completam para além de um beijo que parece ferver, mas é café morno. Procure em você a sua própria companhia.

Vá ao cinema, ao teatro. Vá passear. Escrever, ler um livro. Tomar um banho de rio, de mar. Tomar um banho de sol, de luz, ou admirar você sem roupa em frente ao espelho.

E se permita sentir-se carente uma vez ou outra. A carência é como uma *bad*, que chega e se espalha enquanto a gente escuta Djavan em uma tarde de segunda-feira sem graça.

Só não deixe a carência te pertencer, criando pontos cegos nos seus sentimentos, te deixando ~ muito ~ vulnerável.

A MINHA FIDELIDADE É UM PRAZER. Ser fiel com você não é um sacrifício. Ser fiel com você não é uma aventura sem roteiro, mas um filme gostoso de assistir diversas vezes. Ser fiel com você é saber o gosto exato do que alimenta o meu coração e, ainda assim, saborear cada etapa da minha saudade só por te esperar. Ser fiel com você não é lutar para não cair em tentação, mas caminhar carregando uma das joias mais bonitas e raras que eu já segurei com as minhas mãos.

Ser fiel com você não é uma batalha. A obrigação nem existe. A minha fidelidade acontece, soa natural. É tão espontânea quanto o pássaro solto no vento.

Por isso, não te prometo ser fiel. Aceite a minha fidelidade apenas como as alvíssaras do amor que sinto.

Porém, prometo-lhe ser leal.

Será na lealdade que eu irei reconhecer os meus erros, me tornar humano diante do amor que sinto e lhe pedir ou lhe conceder as desculpas quando elas forem necessárias.

A lealdade é a base de tudo aquilo que queremos construir, meu amor.

É DIFÍCIL, ÀS VEZES, COMPREENDER QUE PERDEMOS. Perdemos a luta, a batalha. Perdemos a relação que, até pouco tempo atrás, era futuro em nossa imaginação.

Mas a guerra desta vida é entre o que a gente sente e o que a gente faz com esse sentimento. E perder, em alguns momentos, é necessário para preservar o nosso coração, os nossos sentimentos (todos eles) e a nossa dignidade.

Não podemos lutar tanto por alguém a ponto de esquecermos que somos maiores do que aquela situação. Que podemos sobreviver sem ela, sim. Que, uma hora ou outra, restarão apenas o respeito e a nossa esperança de seguir a vida de cabeça erguida.

E com o coração dolorido e a vontade constante de ficar em casa, na cama, cobertos pelo choro solitário, nos levantar é preciso. Com o coração doído, mesmo. Com a vontade de passar dias reclusos até que o tempo passe, como dizem que passa.

É preciso levantar-se, assumir que não tem mais condições, chances e tentativas que façam aquela história prevalecer. Mas você precisa prevalecer. Juntar os cacos, colocar toda a experiência e memórias boas na bagagem e ir.

Para você se lembrar desse momento quando alguém lhe falar sobre amor-próprio. Do momento em que a sua força e a sua coragem foram tão grandes que o seu amor-próprio conseguiu identificar o que te machucava e fez você agir.

Nessa hora, lá na frente, no futuro, sozinha ou acompanhada, você vai sentir um orgulho danado de quem você é. E nada mais do que vem de fora bagunçará as tuas certezas.

Principalmente, a maior delas: em um relacionamento, o seu bem-estar é sempre o mais importante.

EU JÁ TIVE ALGUNS AMORES NA ÉPOCA DE ESCOLA. A "Quadrilha", de Drummond, era a minha sina. Já amei a Maria, que amava o Pedro e até a Joana, que não amava ninguém. Mas graças a essas experiências, ainda que imaturas e infantis, fui aprendendo a lidar com a rejeição.

Hoje ainda consigo ouvir histórias reais de uma eterna "Quadrilha" neste mundo meio louco, repleto de gente perdida. Que se apaixona por um, que é apaixonada por outro. De quem tenta curar as suas dores e amores envolvendo alguém naquela bagunça. Que usa a tática do "se só tem tu, vem cá tu mesmo". E tem mais: a pior coisa é amar alguém que não nos ama, mas que se diz/mostra disposto a nos amar. Porque o amor não é uma caixa de leite condensado na prateleira do mercado. Não tem livre estoque.

O amor acontece. E, se não aconteceu entre duas pessoas, alguém vai receber a sua porrada, chorar, respirar fundo, beber uma água e seguir a vida.

Não se precipite achando que só precisa de uma chance para fazer aquela pessoa especial te olhar de uma forma especial. Como se você tivesse a chave para abrir a gaiola das borboletas no estômago alheio. Não.

A reciprocidade no sentimento é natural e, quase sempre, instantânea. É inesquecível amar e ser amado.

Por isso, vale a pena respirar fundo quando alguém não nutrir os mesmos sentimentos que o nosso e esperar. É foda, eu sei. Difícil reconhecer que uma história já começou sem chances para a gente.

Mas eu te garanto uma coisa: quando encontrar alguém especial que sinta o mesmo que você e com a mesma força, você vai entender que ninguém precisa se esforçar para ter um amor. É só amar, ser amado e fazer o possível para esse recíproco amor dar certo.

UM RELACIONAMENTO NUNCA É 100% E O CASAL PRECISA ENTENDER QUE, EM ALGUM MOMENTO, ALGUÉM VAI TER QUE CEDER. Seja ir àquela festa que você não curte, mas o seu parceiro acha legal.

Almoçar na casa da sogra. Fazer uma viagem inesperada, mas necessária. Apertar um pouco a grana, para o relacionamento caber no orçamento. Lidar com a saudade quando o outro precisa voar para crescer nos seus sonhos.

Uma relação é feita de parceria, compreensão, cumplicidade e tentativas. Toda vez que você abre mão para dar espaço ao outro, você está tentando fazer a sua relação dar certo. Mas o outro também precisa tentar. É a tal da reciprocidade, sabe?

A tempestade chega e o controle precisa ser absoluto. Duas pessoas não são uma cabeça, nem apenas um coração. Mas, quando o esforço segue apenas a linha da mão única, as coisas não fluem como deveriam.

A gente vai tentando, até o dia que tanto faz. E quando o barco do amor fica à deriva no meio do mar, meu amigo, ele não chega a lugar nenhum.

TALVEZ A FASE MAIS DIFÍCIL DE UM RELACIONAMENTO desgastado seja quando a gente percebe que o outro já não cabe mais na nossa vida nem no nosso futuro. Que as peças do quebra-cabeça, que se completavam no início, só se encaixam com muito sacrifício. E amor, com sacrifício, pesa.

É preciso reconhecer que já era. Que não adianta lutar por algo que não nos faz bem. E que já não fazemos tão bem assim ao outro. Saber a hora certa de parar. Respirar fundo e ser menos egoístas. Libertar-nos para ganhar também a liberdade. Entender que o amor é lindo, mas pode acabar um dia. E, sem amor, tudo cai no tédio, na rotina.

Desprender-se é mais difícil do que se apaixonar. No início, a gente se empolga. Vive tudo com intensidade. Quando não enxergamos o caminho, quando a presença do outro é turva depois de desgastes sucessivos, o costume fala mais alto.

Pensamos que talvez seja melhor tentar mais um pouco. Abaixamos a guarda de novo. Só que, muitas vezes, não existe fórmula, remédio ou boa ação que façam as peças do quebra-cabeça se encaixarem. Nem com sacrifício.

É preciso muita coragem para amar. Porém, é preciso ainda mais coragem – e força – para reconhecer que o outro não abriga mais o coração da gente com sentimento suficiente para superar uma crise. Acabar, antes que o relacionamento acabe com a gente. Antes que a gente acabe com as melhores lembranças daquele relacionamento.

Isso é a maior prova de amor-próprio que podemos dar.

E a maior prova de que valeu a pena ser amado ou amada pelo outro.

MUITAS VEZES, A GENTE JULGA ALGUÉM QUE AMA DEMAIS. QUE FALA DEMAIS. Que se entrega demais. Que se permite demais. Sem perceber o quanto estamos vivendo de menos na nossa própria vida.

E aí aparece alguém com a coragem que a gente não tem e expulsa toda a cortina de fumaça que nos esconde. Dizemos que é loucura, chamamos declarações de amor de clichê. Insinuamos falta de verdade. Amedrontamos o outro e sugerimos cuidado, fingindo acreditar que todo riso em uma história de amor é desproporcional ao risco.

Mas se liga: em algum lugar existe alguém esperando para escrever uma ou duas páginas de uma vida junto a você. Abra o olho, jovem. Respire fundo e se jogue!

O teu melhor sentimento quer compartilhar com você a sua melhor história. Não sabote o amor em sua vida. Aproveite.

ESTOU BUSCANDO AMORES QUE SOMAM. Que me levem de forma leve pelo mundo. Que abracem os meus sonhos e isso seja recíproco da minha parte. Que não me julguem ou me atrapalhem. Quero um amor real, verdadeiro. Longe dos contos de fadas, dos "felizes para sempre". Mas que seja cheio de chatices, que me faça exercitar a tolerância.

Quero um amor que reclame. Que diga, mesmo quando algo incomode. E que saiba me ouvir quando algo me incomodar.

E que juntos possamos entrar em consenso para continuarmos juntos.

Quero um amor que não me limite para sempre encontrar novos caminhos, novos rumos, novas posições e novas formas de dizer "eu te amo". Um amor que vire compreensão. Tolerância. Paciência. Um amor que seja a multiplicação da boa energia que eu tento passar ao mundo através do sorriso.

Ah, é claro: um amor bem-humorado. Para eu poder brincar, fazer piada, comer de boca cheia, falar bobagens e dançar sem saber a porra da coreografia, e, no final, a gente terminar rindo muito daquilo tudo na cama.

Um amor para tirar fotos hilárias e naturalmente desengonçadas, sem a pose dos lindos casais.

Um amor que me faça esquecer que o mundo pode ser cruel. Que me dê segurança, mesmo com a consciência de que amanhã ele pode acabar.

Ou seja, quero um amor puro. Sem recheio nem cereja de bolo. Apenas amor. Simples. Direto. Objetivo. Sem joguinhos, sem esperteza. Quero sentimento de respeito e de verdade.

QUERO UM AMOR PURO. SEM RECHEIO NEM CEREJA DE BOLO. APENAS AMOR. SIMPLES. DIRETO. OBJETIVO. SEM JOGUINHOS, SEM ESPERTEZA. QUERO SENTIMENTO DE RESPEITO E DE VERDADE.

NÃO TENHO MEDO DE TRANSBORDAR.

Sigo caindo, me arranhando. Minha alma fica ferida. Carrego cicatrizes que para sempre serão lembradas. E, mesmo assim, transbordo.

Vou jogando intensidade em tudo o que faço. Em tudo o que sinto. Minhas amizades são cultivadas com verdade. Os meus amores são eternos.

Gosto de ter a certeza batendo forte no meu peito. É que a minha esperança nas pessoas parece ser infinita. Arrebento-me, mas não caio na armadilha de viver nada sem graça. Sem ritmo. Sem cor ou pela metade.

A minha gargalhada é alta e os meus olhos brilham ao amar. Só sei ser feliz assim: levando a intensidade por onde eu vou.

FAZER UMA ESCOLHA NÃO PESA TANTO QUANTO CAMINHAR COM A CABEÇA CHEIA DE DÚVIDAS. Aprendi com o tempo que até ganhando a gente perde. Compreendi também que nem sempre o que foi perdido tem tanta importância.

Podemos perder um coração sem querer. Uma oportunidade sem querer. E isso vai doer sempre que lembrarmos o que tivemos que abandonar um dia. Escolhas são dolorosas e são difíceis, mas necessárias. Só não podemos deixar de sonhar.

Perder a esperança, jamais. É preciso acreditar e seguir o caminho, colocando amor em cada decisão. Pois quando agimos por orgulho, no futuro, só nos restará o arrependimento.

EXISTEM MOMENTOS NOS QUAIS FICAMOS PERDIDOS. Falta força e falta coragem. O medo invade e tudo pesa. A escolha, o próximo passo e o futuro. O coração acelera, mas não é capaz de sair do lugar. E, no meio daquela ansiedade de ser humano, sentimos agonia.

Até que alguém nos diz que vamos conseguir. Que somos capazes. É nessa hora que a nossa esperança se renova. É que existe força na palavra amiga. No remédio de ter alguém pensando positivo ao nosso lado. Alguém que nos cura com a vontade de nos ver vencer.

Que sejamos esse empurrão para a frente em positividade na vida dos outros. E que a gente nunca esqueça: energia boa atrai coisas e pessoas boas.

NÃO TENHA MUITO MEDO DE ENFRENTAR O AGORA. Nossa vida é feita dos cacos que juntamos de nós mesmos. Decepções existem.

Pessoas vão negligenciar as nossas melhores intenções. Vão machucar nossos maiores sentimentos. Iremos duvidar se amar vale a pena, vamos perder a esperança algumas vezes.

Mas acredite: tem muita gente boa neste mundo esperando alguém especial como você. Pode demorar um pouco, pode levar algum tempo. Mas, na hora certinha, no tempinho que foi reservado para esse encontro, os olhares irão se cruzar. Tudo o que você passou, sofreu e chorou foi para que esse momento chegasse.

Você vai saber reconhecer o que vale a pena. E o que vale a pena vai caber, direitinho, no lugar do coração de alguém que te merece.

CUIDE DO SEU CORAÇÃO. Dos caminhos que você resolveu trilhar. Cuide dos seus sonhos com zelo e afeto. Cuide dos seus amigos como se estivesse cuidando de joias preciosas. Cuide da sua família. Dos seus pais, dos seus filhos e seus irmãos.

Cuide daqueles que consideram você parte da família, além do sangue. Cuide da sua fé. A qualquer hora do dia ou da noite. Enquanto espera na fila do pão ou dentro do carro. Converse com a força superior em que você acredita.

Cuide de você. Do seu corpo, da sua alma, das suas vivências e experiências pessoais. Cuide da sua tristeza, pois ela chegará em alguns momentos. Deixe-a fluir através das lágrimas quando preciso.

Cuide de si. Do seu bem maior. Do amor que você sente, das suas tentativas e estranhas manias.

Alimente-se. Principalmente da esperança.

GOSTO DE GENTE SINCERA. De quem abraça o nosso coração com a verdade estampada nos olhos. Gosto do sabor da verdade. Da verdade que exala pelos poros de quem não consegue mentir nem por brincadeira.

Gosto quando os amores verdadeiros se revelam. Sem mentiras, sem jogos aleatórios. Sem cobranças e sem apelos. Só o amor digno de ser porque é, apenas isso. Admiro a beleza de quem tem a riqueza de reconhecer erros. De não procurar culpados para os seus deslizes. Gosto de quem assume as suas "paradas" e consequências.

Gosto de quem é responsável na vida e no afeto. Que não inventa sentimentos quando não sente nada. Que diz o que tem que ser dito quando algo acaba. Que não deixa o amor machucar além do inevitável. E, nos improváveis encontros da vida, só quero ter oportunidade de conviver com gente que sabe fazer o acaso da vida valer a pena.

VOU TE CONTAR UM SEGREDO: a história de amor mais bonita que você vai viver é aquela história de amor com você. E sabe como se vive essa história? Tratando os seus sentimentos com carinho. Valorizando o seu abraço. Admirando a imagem que você enxerga no espelho e compreendendo a importância de tratar as feridas da sua alma.

Você vive uma história de amor intensa com você quando você olha as suas cicatrizes e respeita a sua caminhada. Respeitando os momentos em que você sucumbiu. Nos quais você não foi capaz de resistir a um ser amado que não lhe fazia bem. Quando você precisou fazer uma escolha e escolheu errado.

Perdoar-se é um gesto bonito de amor. Doe um perdão a você. Perdoe-se uma vez por dia.

E, por favor, não guarde esse segredo com você.

Espalhe-o.

PERDOAR-SE É UM GESTO BONITO DE AMOR. DOE UM PERDÃO A VOCÊ. PERDOE-SE UMA VEZ POR DIA.

NÃO CONHECEMOS NINGUÉM. Por isso, a decepção chegará para todos nós um dia. E nós, um dia, iremos decepcionar alguém. Erros e acertos farão parte da nossa estrada. Lágrimas e sorrisos. Umas bagagens mais pesadas do que outras. Cicatrizes que irão sangrar quando a saudade bater. Feridas que vão ser difíceis de sarar. Cacos de telhas quebradas que irão sempre se espalhar no chão da varanda de casa.

Não conhecemos ninguém, e alguém sempre irá quebrar o nosso coração. Mais cedo ou mais tarde. Na adolescência e, também, quando a idade chegar. Pode ser quando estivermos recomeçando uma história nova. Ou quando a carência fechar os nossos olhos.

Não conhecemos ninguém, é verdade. Mas conhecer a si mesmo pode evitar alguns tombos nessa longa e louca estrada.

EU GOSTO DE FICAR SOZINHO. Não é um gostar imutável, mas tem horas que é necessário ser só. Andar só. Fazer uma escolha sem a interferência de ninguém. Trabalhar a carência ao máximo para não ficar vulnerável a qualquer carinho.

Eu gosto de ficar sozinho, pois na solidão eu me encontro e me reencontro. Seja assistindo a uma série com a cama só para mim ou mudando de canal quando eu bem entender. Seja curtindo o máximo do frio do ar-condicionado no quarto sem ninguém para reclamar ou rir de uma comédia romântica ao lembrar que, apesar de a solidão ser uma boa companheira, ninguém pode recusar o gosto doce na boca, que é o sabor de um amor verdadeiro.

Eu gosto da solidão que faz pensar, caro leitor. Que me faz olhar para dentro de mim e reconhecer a minha própria força. Os meus próprios limites. As minhas boas e más intenções. E, de tão bem resolvido que eu esteja na minha solidão, gosto de ter a garantia se estarei agradável para os desafios de uma companhia agradável.

É que eu acredito muito nisso: se a gente não sabe ser só, não saberá ser dois ou três.

TUDO FICA MELHOR QUANDO NÓS CORTAMOS OS DESAGRADÁVEIS DA NOSSA VIDA. Pessoas, lugares, pensamentos, abraços, sentimentos.

Seja qual for a forma, o desagradável sempre se apresenta. Muitas vezes despretensioso, chega e conquista, mas não se esconde por muito tempo. Já faz um tempo que eu ando a caminhar cortando os desagradáveis da minha vida, em uma dieta rica de decisões. Assuntos desagradáveis? Estou fora! E não me demoro onde eu não puder expressar a minha opinião ou o meu pensamento sem ser agredido ou atacado.

Pessoas desagradáveis? Excluídas até dos meus contatos no telefone. Eu tenho certeza: se você parar um minuto, vai visualizar cinco pessoas que tornam qualquer lugar ou ocasião maçante. Ou que passam horas reclamando de tudo e de todos. Que têm uma energia tão ruim, que são capazes de tornar um ambiente detestável.

Eu suspeito, caro leitor, que o desagradável adoece a alma da gente. Tanto quando insistimos na convivência com eles ou até mesmo quando insistimos em ser desagradável.

Afinal de contas, não é todo dia que somos só sorriso. Nós também temos os nossos momentos ruins. Em que ficamos tristes, reclamamos excessivamente de alguma situação ou remoemos um acontecimento. Normal? É. Só não podemos deixar isso tomar conta do nosso dia.

Então, que fiquemos atentos. Excluindo todos os desagradáveis da nossa vida, da nossa lista e do nosso coração.

PARTE II
SOMBRAS E SOBRAS

Não serei a sombra dos amores que tentaram tirar o melhor dos meus sentimentos. Entendo agora a beleza da chuva que cai sobre o meu peito. Compreendo hoje que o passado foi vitamina fortalecendo o meu coração. Consigo perceber o brilho no sol e senti-lo aqui dentro. A vida é pequena demais para eu compartilhar qualquer parte dela com quem não entende a beleza do amor. Não aceitarei mais sobras e migalhas. Não aceitarei o pouco em troca do muito que ofereço. Vou criar as expectativas e soltá-las ao vento para que elas voem livremente na natureza. Não é fácil arrebentar correntes e quebrar cadeados. Difícil não é aprender a lição, mas colocá-la em prática. Ainda defendo o amor e todos os seus riscos no começo e as suas lamúrias na escuridão de um quarto quando ele acaba. Defenderei o amor por onde eu for. Do jeito que ele é, do jeito que eu sou. Seja como for.

QUANDO O MEU CORAÇÃO PARTIU, EU CRESCI PARA PODER REJUNTÁ-LO. Eu tive que engolir o choro algumas vezes. Tive que levantar da cama e seguir a vida lá fora, ainda que por dentro estivesse desmoronando.

Quando o meu coração partiu, eu tive que aceitar e ter paciência para recuperar o fôlego. Briguei com o relógio para que o tempo pudesse passar ligeiro. Lutei contra a minha ansiedade nas madrugadas que pareciam eternas.

Quando o meu coração partiu, tive que pegar cada pedacinho das minhas expectativas e, como um quebra-cabeça barato que ganhei da minha mãe na infância, tive que realinhar todas as peças. Organizar a bagunça. Respirar fundo. Engolir a saudade.

Mas foram as vezes em que o meu coração partiu que me fizeram avançar. Foram as pessoas que quebraram o meu coração que me ensinaram que o amor não é um jogo nem uma brincadeira. E que eu não deveria doá-lo de qualquer jeito, nem mergulhar em qualquer chão raso.

É trabalhoso rejuntar um coração partido. E crescer significa ter cuidado para não o partir todas as vezes que se apaixonar.

Por isso, apesar das dores, lágrimas e desafetos, agradeço a cada coração que partiu o meu coração. Se hoje eu sei quem sim, quem não e quem nunca, foi graças às experiências que vivi para saber o que mereço.

O meu coração pode partir novamente, caro leitor, eu sei. Maturidade e experiência não são vacina contra relações ruins. A diferença é que depois de um tempo quebrando o coração a gente entende como funciona a engrenagem do afeto. E quanto mais calejados ficamos, mais a responsabilidade com os nossos próprios sentimentos é só nossa, de mais ninguém.

SE HOJE EU SEI QUEM SIM, QUEM NÃO E QUEM NUNCA, FOI GRAÇAS ÀS EXPERIÊNCIAS QUE VIVI PARA SABER O QUE MEREÇO.

HOJE EU JÁ SEI O QUE DEVO PRIORIZAR.

Priorizo o meu coração e os sentimentos que trago com ele. Não garanto nada do que vem de fora.

Priorizo as minhas amizades, que não são determinadas pelo tempo que elas existem, nem pela distância. Amizade, para mim, é quem consegue ser presença forte e firme. De qualquer lugar. Em qualquer tempo.

Priorizo a minha família. Não são todos, amigo leitor, mas os bons exemplos de amor e paz. As boas referências de humanidade e afeto. Os personagens que me remetem à empatia, sem o moralismo que faz qualquer discurso se distanciar da prática.

Priorizo as minhas memórias afetivas, principalmente as da minha infância. Cheiros, brincadeiras, desenhos e fantasias.

Priorizo os meus amores, todos eles e todas as suas lições. As suas dores. Os seus risos. As suas lágrimas. Saudades e lembranças. O entusiasmo que não me deixa esquecer que devo priorizar o que disse lá nas primeiras linhas: o amor meu. Aquele que mora comigo, dentro dos meus sentimentos mais particulares.

A minha prioridade é ser feliz e ter paz no coração. Visitantes e passageiros serão sempre bem-vindos. Mas estarei aqui de olhos e coração atentos, priorizando a minha boa companhia.

VOCÊ NÃO PRECISA LEVAR COM VOCÊ QUEM TE MACHUCOU. Você não precisa carregar esse peso. Levar para outros abraços e outras relações. Você não precisa avançar as casinhas do jogo da vida e seguir com a missão de achar que todo mundo que se aproximar de você vai agir da mesma forma.

Pessoas são diferentes. Fecha esse ciclo. Pega o que aprendeu e deixa quem te machucou para trás.

Você não precisa mais remoer o que passou, nem cogitar possibilidades que não existirão mais.

Siga em frente.

Quem te machucou tem que ficar lá, sendo conjugado no passado. Você é muito maior do que o que te feriu e merece uma vida muito melhor do que aquela que te ofereceram um dia.

Siga em frente.

Nada vale ter o coração leve, cheio de esperança. Larga esse peso bobo. Essa sensação de ardor em uma ferida que já cicatrizou.

Siga em frente.

Por você, pelo amor que você merece ter e viver, deixa quem te machucou no passado.

CRESCER ME FEZ APRENDER O VALOR DE MANTER A SAÚDE MENTAL EM DIA. A grande riqueza da maturidade, caro leitor, é isso: ter paz.

Manter a minha mente no lugar não é fácil, confesso. Só que tudo o que vivi ao longo das histórias as quais sobrevivi foram me conduzindo para ter a mente no lugar.

Fiquei mais atento às segundas intenções. Fiquei mais ligado na minha intuição. Fiquei mais forte para resistir às tentações.

Tentações: seja lá qual idade tiver ou quantas experiências viver, elas virão.

E, se a sua mente não tiver no lugar, você vai cair na armadilha de novo. E de novo... até aprender.

O coração da gente é uma máquina resiliente. Ele se regenera, se recupera dos tombos e, acredite, fica prontinho para outra. Se a gente não tiver autoconhecimento o suficiente, meu amigo... vive a montanha-russa da adolescência até os 50 anos – ou mais.

Por isso, crescer dói: para nos proteger. Mas não é só crescer, é perceber. Notar. Ligar o farol que clareia a estrada à nossa frente, que é o farol do autoconhecimento.

**NÃO DEIXE PARA
AMANHÃ A TERAPIA
QUE PODE FAZER HOJE.**

"NÃO ERA O AMOR DA SUA VIDA, ERA UM AMOR NA SUA VIDA. HAVERÁ OUTROS."

Escutei essa frase quando terminei um dos primeiros namoricos que tive na adolescência. E quem me disse tinha razão. Depois daquele amor, que considerava o amor da minha vida, vieram outros. E possivelmente ainda virão.

Cada um com a sua importância. Com a sua intensidade. Com a sua lição. Cada um transformando a minha visão de mundo e me transformando em alguém melhor.

O que mais acho bonito é que todos esses "amores da vida" que passam pela nossa vida acabam sendo necessários para a nossa existência na vida a dois.

Eles nos mostram erros. Nos colocam diante dos nossos piores defeitos. Vão conduzindo o que não deu certo, aparando o que pode ser melhorado.

Beijos, abraços, lençóis, lágrimas de desespero, bagunça organizada, pratos para lavar, roupas espalhadas pelo chão e escovas de dentes confusas no banheiro.

Tudo misturado.

Quando olho para o amor da minha vida, enxergo todos os amores da minha vida até aqui. Tem um pouco de cada história na história que estou construindo agora.

A sua vida é gigante para ser apenas de um amor. E Raul Seixas estava certo quando cantou que "ninguém nesse mundo é feliz tendo amado uma vez". E ainda bem que somos capazes de amar muito mais vezes.

SE HOJE VOCÊ ESTÁ CHORANDO POR TER PERDIDO O AMOR DA SUA VIDA, SEJA LÁ COMO VOCÊ PERDEU, NÃO TENHA DÚVIDAS: HAVERÁ OUTROS. TÃO BONITOS, VERDADEIROS E INTENSOS QUANTO ESSE QUE ACABOU.

CURE AS SUAS FERIDAS.

Viva o seu luto, as suas perdas. Console-se. Entregue-se à dor que sente quando ela aparecer. É importante saber lidar com esses momentos.

Não será a primeira ferida que terá de limpar. Feche o seu ciclo, se recupere.

Se possível, apegue-se a uma fé. Qualquer uma. Faça uma oração, converse com o Deus em que você acredita.

Distraia a sua mente. Pode beijar muito, mas sem compromisso ou expectativas forçadas.

Só depois disso, aventure-se a iniciar um novo ciclo. Ninguém é o seu remédio. Não coloque os carros na frente dos bois. Não coloque o seu coração onde o sentimento não alcança.

Só se aventure em uma nova história quando a que ainda existe aí dentro já estiver – bem – resolvida.

É uma regra natural da vida, meu amigo leitor. Feche um ciclo para começar outro.

EU QUERO QUE VOCÊ SIGA SONHANDO...

Quando tudo estiver por um fio, que você siga sonhando, mantendo viva a esperança no seu coração.

Quando uma história de amor acabar, eu quero que você siga sonhando com a história de amor que merece viver.

Quando a saúde falhar, eu quero que você siga sonhando. Pois os sonhos são remédios para a nossa alma. E, se você precisar de um motivo para continuar, que seja o sonho que te impulsiona para a frente.

Quando o cansaço chegar, eu quero que você descanse, mas continue sonhando para saber exatamente a hora de continuar seguindo na direção dos seus sonhos.

Quando você receber um não, siga sonhando. O que o outro faz não define a sua caminhada.

Quando você receber um sim, siga sonhando para não se acomodar às pequenas vitórias.

Quando você perder uma partida, siga sonhando para ter forças de recomeçar. Existirão outras batalhas.

Quando os sonhos forem realizados, siga sonhando novos sonhos que lhe permitam viver novas experiências.

São os sonhos que nos movimentam na vida. Feito o ar que você respira. Então, independentemente de qualquer coisa, dormindo ou acordado, nunca deixe de sonhar.

ACALME O SEU MEDO PARA RESTAURAR A SUA FORÇA.

Cada um sabe de si. Dos seus dramas pessoais. Cada um sabe o que o leva a fazer uma escolha.

Mas medo todo mundo tem, amigo leitor.

Acalme o seu.

Abrace forte a esperança que lhe resta. Busque uma motivação para continuar. Respire fundo. Inspire o cuidado com você.

E talvez não saiba, mas tem alguém, em algum lugar, se inspirando na sua história. Esperando para saber qual será o seu próximo desafio vencido. Qual será o grande desfecho do problema que se materializou na sua frente.

Tem alguém, em algum lugar, que precisa que você continue sendo forte para continuar sendo forte.

Não duvide disso, nem menospreze as lutas que você travou até aqui.

E se você foi capaz de chegar até aqui, acredite: você é capaz de ir ainda mais longe.

Eu confio em você.

QUANDO VOCÊ PERDE O CHÃO, VOCÊ VOA.

Você está crescendo. São muitos os desafios, muitas adversidades, muitas crises e amores que não deram certo. Às vezes, parece que o mundo desaba na nossa cabeça, não é? Tudo vai dando errado. Todos os caminhos que a gente escolhe parecem engolir os nossos sonhos.

A conta não fecha.

A história não bate.

A gente apanha.

O coração só vive se partindo.

O amor parece inalcançável.

Esses momentos de turbulência são extremamente necessários.

É que a vida só te surpreende para que você surpreenda a vida.

Voe.

DÓI, MAS ESTÁ TE FORTALECENDO. DÓI, MAS ESTÁ TE MOSTRANDO NOVAS POSSIBILIDADES. O CHÃO SÓ SE ABRIU PARA VOCÊ DESCOBRIR A FORÇA DAS SUAS ASAS.

ARRISCO AMAR-TE DE MANHÃ. Quando você acordar despenteada. Arrisco beijar a sua boca, de repente, no meio da tarde. Nas tardes em que eu chegar de surpresa na sua porta. Arrisco te esperar na janela de casa ou de qualquer lugar. Feito a música que o Gil canta, sabe? Arrisco te convidar para dançar. Podem ser o Gil e a mesma música sobre esperar. Arrisco amar de novo só para desbravar a novidade dos seus abraços. Arrisco confessar qualquer coisa. Contar qualquer segredo. Ser cúmplice de qualquer loucura. Por você eu arrisco, eu te juro!

Arrisco até afirmar que você será o amor da minha vida ali na frente. Um presentinho que foi feito sob encomenda para o meu coração, que adora correr riscos.

Damário da Cruz, poeta de quem eu arriscaria ser amigo um dia, dizia que "a possibilidade de arriscar é que nos faz homens".

E todo homem que existe em mim arriscaria tudo o que tem. Tudo o que é. E tudo o que será.

Por um beijo seu.

QUERO COMPARTILHAR A MINHA VIDA COM VOCÊ. Os sonhos, as inquietudes. As aventuras na natureza de uma cama quente.

Quero acampar com você. Na Chapada Diamantina ou na dos Veadeiros. E o Jalapão, que eu ainda nem conheço, quero conhecer com você.

Vamos contar estrelas no céu, esperando a cadente para realizar os nossos desejos.

Quero filhos que tragam a mesma sorte na vida que eu tive ao traduzir o seu abraço. E que eles durmam no meio da nossa vida calma, como anjos protegendo o amor que sempre sonhei.

Quero compartilhar coisas boas com você. Passear no domingo com hora para voltar para casa, mas esquecer a hora.

Quero compartilhar a nossa felicidade nas redes sociais, mas me esquecer de postar por estarmos ocupados com essa tal felicidade.

Eu, que jurava não existir querer tão forte assim, quero tudo que vem de você. E quero ir com tudo em direção ao que vida preparou para nós dois.

TENHA CALMA NA PALAVRA. Não precisa dizer o que não quer, por falta de pensar. Tenha calma na palavra. Não use sinceridade quando for grosseria disfarçada de verdade. Tenha calma na palavra. A sua paz depende daquilo que você não diz. Tenha calma na palavra. O que você fala pode ser tão letal quanto uma bala perdida. Tenha calma na palavra. Antes de dizer alguma coisa, seja leal com o que você pensa.

E, quando for escutar alguém que não teve a chance de ter a calma na palavra, tenha calma para revidar.

Nessa hora, tenha – muita – calma na palavra.

O UNIVERSO SE ORGANIZA PARA QUE TUDO CHEGUE PARA VOCÊ NO TEMPO QUE TIVER QUE SER.
Não precisa essa ansiedade toda. Adiantar os passos. Ultrapassar o caminhão na estrada. Trapacear no tabuleiro.

Não precisa.

A vida é como um velho aposentado andando de bicicleta. Sem pressa, carregado de experiência, pedalando devagar, mas sabendo o seu destino. Aonde quer chegar. Revisando em cada ciclo tudo o que construiu, viveu e trabalhou para ser. Lembrando-se das pessoas que lutaram para ficar ao lado de quem não tinha nada a ver com o que sentiam e não são felizes. Lembrando-se das pessoas que insistiram em fazer um curso que, diziam, daria mais dinheiro. Mas não são felizes.

Ultrapassar um caminhão na estrada sempre será perigoso, caro leitor. Em curvas ou em linha reta. Adiantar os passos sempre te colocará em risco de cair ou tropeçar. E trapacear no tabuleiro pode te trazer resultados imediatos, mas causar danos irreparáveis pelo caminho.

Tenha paciência. É no tempo que tiver que ser, do jeito que tiver que ser. O Universo, acredite, nunca erra.

DESISTIR DE QUEM TE FERE É UM ATO DE FÉ NO AMOR QUE VOCÊ MERECE.

Se você desistiu de alguém que ainda ama, mas o sentimento não era recíproco, siga em frente. Se você desistiu da pessoa com quem estava acostumado a viver, mas que agora não faz muita falta, siga em frente. Se você desistiu de alguém que machucava o seu coração, que não se importava com os seus sonhos, que não comemorava as suas conquistas e judiava dos seus planos, siga em frente.

Desistir é o ato de fé de que a sua vida precisava para fluir. Não recue nem um passo. Siga o seu caminho que a saudade passa. Siga o seu caminho que amanhã você percebe a alegria que lhe faltava.

Parabéns por escolher o seu bem-estar.

SE VOCÊ DESISTIU DE UMA HISTÓRIA EM QUE A SUA FELICIDADE NÃO ERA PRIORIDADE, PARABÉNS.

TRAGO COMIGO ALGUMAS VERDADES QUE NUNCA DISSE.

Talvez você não estivesse preparada para o tanto que eu tinha para oferecer. Trago comigo os fatos e gestos, os abraços e beijos. Que nunca te dei.

Trago comigo o cigarro molhado no bolso da calça apertada.

Aquele que nunca tive coragem de fumar.

Nem com você, nem com ninguém.

Trago comigo a bagagem do arrependimento. E ela pesa.

Assim como o amor pesa feito fardo nos meus ombros, pois no peito eu só levo você.

Trago comigo a única foto que tiramos juntos.

A única que restou daquele dia único.

Naquele lugar que hoje é o meu preferido,
onde você eternizou o seu sorriso.

Não sei para onde carrego tudo isso
enquanto vago por entre as bocas,
as peles e os cheiros,
histórias e vidas
nas idas e vindas,
por um monte de gente
que nunca me traz
o que procuro:

você.

NESTA CIDADE, TUDO ME LEMBRA O ROSTO DELA.
Até o desenho das plantas da Praça da Piedade me diz algo sobre ela que eu nem queria saber. Nesta cidade, o calor me lembra o afago dos abraços dela. E nem que eu queira, sem nem ela querer, os seus braços me alcançam. Nesta cidade, eu sou figurante; ela é a artista principal. Ela pinta o céu, colore as avenidas. Ela para no reflexo dos carros que param ao meu lado no sinal. E todos os dias a vida manda sinais para que eu a procure. Eu queria fugir desta cidade, confesso. Mas a cidade fugiria comigo só para me entregar para ela. O vento do mar, meu Deus. O sopro do mar, Iemanjá. O salitre explode na minha pele só para me trazer o cheiro dela. A cidade existe para ela passar. E nesta cidade eu só sei sentir saudade dela. Nesta cidade, ela canta por todos os cantos. Eu só escuto a voz dela.

DAQUI PRA FRENTE, SEREMOS EU E VOCÊ. Na saúde, nas dúvidas e certezas. Na frente do mundo. Daqui pra frente, seremos nós e o que vier. Filhos, gatos, cachorros. A esperança que entra pela janela trazendo o presságio de algo bom. Daqui pra frente seremos, e isso é o que importa. E seremos importantes um para o outro. Para os sonhos e projetos e planos. Daqui pra frente, não enfrentaremos nada que não seja para nos tornarmos melhores do que éramos ontem, pois hoje estaremos aprendendo para amanhã. Daqui pra frente, o meu passado vai ser o meu melhor convencimento de que você é o meu melhor presente.

Daqui pra frente, seremos eu e você. No sol e na ventania. No escurinho do quarto, fingindo maratonar séries e documentários. Sem cobranças e resumos.

Daqui pra frente, nada nos impedirá de sermos felizes. Autênticos. Originais. Bregas e bem clichês.

Daqui pra frente, seremos amados e amantes. Leais e sinceros. Eternos. Até quando a primavera cansar de nós e ficarmos chatos, pois dali pra frente saberemos a hora certa de parar, se for preciso. E ter o gosto de começar de novo.

SOU FÃ DE GENTE QUE AJUDA. Que se coloca à disposição para contribuir de alguma forma. Que apadrinha, que defende – causas e pessoas.

Sou fã de gente que acode. Que socorre. Que empresta o carro, que abriga na casa, que doa as roupas que já não lhe servem mais.

Sou fã de quem encontra soluções. De quem aponta para a luz no fim do túnel – e, muitas vezes, é a própria luz.

Sou fã de quem oferece um abraço. De quem se oferece para ir a algum lugar.

Sou fã de gente que remedia conflitos. Que, se pudesse, salvaria o mundo e, como não pode, tenta resolver os problemas de todo mundo que conhece.

Sou fã de quem impulsiona o seu parceiro. De quem colabora com o seu colega de trabalho. De quem faz qualquer coisa para qualquer pessoa sem nenhum interesse escondido.

Sou fã e, por isso, quero lembrar a você, que se identificou ou identificou alguém neste texto:

Você também é importante. Seja fã da sua caminhada.

FAÇA BONITO. Coloque em prática os seus planos. Saia da zona de conforto. Olhe fora da caixinha. Tente mais uma vez.

É difícil pensar no meio de um turbilhão de acontecimentos ruins. É difícil falar de amor quando o amor machucou o nosso coração de repente e por várias vezes.

Mas continue fazendo bonito. Recomeçando do zero, se for preciso. Refazendo a caminhada e reparando nos erros e nos acertos. Reavaliando cada escolha, boas e ruins.

Faça bonito, mas faça por você. Olhe para a mola no fundo do seu poço e veja quantas vezes você já foi capaz de sair de lá. Faça bonito de novo. De novo. E siga voando em direção às coisas bonitas desta vida.

EU ESCOLHO FICAR ONDE O MEU AMOR É APRECIADO. Onde o meu amor é celebrado como algo bom. Onde eu possa amar sem medo, sem receio, sem lenço e sem documento.

Eu escolho ficar onde o meu abraço é benquisto. Onde o meu sorriso se distrai e ganha vida. Onde eu possa fazer cada minuto da minha vida valer a pena.

Eu escolho ficar nos olhares sinceros e nas palavras verdadeiras. Nas boas histórias que irão contar, um dia, para alguém. Nas boas lembranças.

Eu escolho ficar naquele dia que ninguém nunca vai esquecer. Onde sempre alguém vai lembrar com uma boa saudade que abraça o peito com carinho.

Eu escolho ficar onde a espera não machuca. Onde a esperança mora, em uma casa de porta e janela aberta.

Eu escolho ficar, antes de tudo, comigo. Para o que der e vier. Do jeito que for. Escolho ser o meu melhor abrigo.

EU TENHO EVITADO GASTAR SENTIMENTOS À TOA. Ando valorizando a minha paz. Ando por aí sozinho, devagar, mas de bem com a vida.

Não tem preço saber entender quando uma história não lhe pertence, quando um sonho não é seu e quando é preciso colocar um ponto-final no que acabou.

A nossa liberdade não tem preço.

Não digo a liberdade dos pássaros, que voam por aí desvendado a natureza, mas a liberdade de compreender os mistérios que acontecem dentro da gente.

É um voo interno e delicado. Um passo a passo que só as vivências e experiências são capazes de elencar.

Quanto mais a gente voa por dentro, mais a natureza das coisas aqui fora vai se completar para tudo começar a fazer sentido. O nosso amor, a nossa amizade e o nosso tempo ficam caros demais.

Desperdiçar esses sentimentos de qualquer jeito, com qualquer um, é possível. Claro, é possível. Mas chega uma hora em que todos nós ficamos mais atentos. Cautelosos.

Eu, por exemplo, continuo intenso. Só fiquei mais econômico. Afinal, conscientização ambiental e sentimental deixa o mundo e o nosso coração mais saudáveis.

UM DIA A TEMPESTADE CHEGOU E LEVOU TUDO EMBORA. TUDO O QUE EU TINHA. Tudo o que eu pensava que amava. Do que eu pensava que me amava.

Um dia a tempestade chegou e me levou amizades que acreditava que seriam para sempre. E quem eu confiava quebrou todos os pactos, segredos e confissões.

Um dia a tempestade chegou e levou pela porta tudo o que eu esperava ser eterno.

Todas as minhas convicções, todo o amor que guardei e cantei, como aquela música linda do Nando Reis.

Um dia a tempestade chegou e foi cruel. Arrastou todos os sonhos de vida. Todos os planos. Em uma enxurrada violenta, levou o futuro que esperava viver.

Um dia a tempestade chegou e passou feito um furacão. Foi doloroso, foi difícil e deixou o meu coração em pedaços.

Mas o tempo passou e a tempestade, também. O sol nasceu e trouxe com ele a minha vontade de recomeçar. O sol me mostrou que, apesar da tempestade e de tudo o que ela me levou, eu sobrevivi.

No fundo, tudo o que não era para ser, tudo o que não era certo, nem era certeza, se foi com a tempestade. Hoje, percebo que eu não perdi nada.

A tempestade chegou apenas para levar o que não tinha que ser.

É SÓ O AMOR QUE IMPORTA AGORA. Esqueça tudo o que passou. Esqueça todos os amores que partiram o seu coração. Esqueça tudo aquilo que te magoou.

Só o amor que importa agora.

O amor que ficou com você. Que é seu e de mais ninguém. O amor que te fez começar no dia seguinte, mesmo sem você perceber. Mesmo sem você notar.

Só o amor que importa agora.

O amor que brilha nos seus olhos e é capaz de iluminar os olhos de outra pessoa. O amor que te mostra que é possível ser feliz de novo.

Esqueça o que não deu certo.

Aposte nesse amor. Pois só o amor que importa agora. O sentimento que te surpreende. Que te renova. Que te inspira.

O que passou já ficou onde deveria ficar.

Só o amor importa agora. Não tenha medo, não deixe escapar. Não vai acontecer de novo, nem vai ser igual aos outros. Nem precisa pensar desse jeito.

No seu recomeço, só o amor importa. A vida costura o resto. Aproveite. O amor sempre estará pronto para ser seu.

DESEJO QUE DEUS CONTINUE SEGURANDO A SUA MÃO. Protegendo os seus sonhos. Guiando os seus passos. Trazendo a presença Dele pelo nascer do sol na sua vida.

Eu desejo que você consiga ter a paz necessária para continuar a caminhada. Que você faça sempre o melhor que pode, mesmo diante das condições mais difíceis.

Eu desejo que você nunca desista daquilo que vale a pena. E que você possa entender quando for a hora de parar de tentar.

Eu desejo amor para a sua vida. Em todas as coisas que você fizer.

Acima de tudo, eu desejo que fique bem de verdade quando nada acontecer do jeito que você imaginou. Que você entenda que isso não é o fim do mundo. Que pode ser um livramento ou um passo errado que você deu. Mas sempre vai ficar tudo bem, independentemente dos motivos.

Eu desejo maturidade em todo e qualquer relacionamento que tiver. Para que você compreenda que o outro é uma casinha cheia de defeitos, qualidades e histórias, assim como você. E que o respeito seja sempre o elo mais importante nas suas relações – e de forma recíproca.

Eu te desejo coisas boas. E que você nunca esqueça que merece coisas boas. Em qualquer relação ou aventura.

HOJE É O DIA DO SEU CASAMENTO. Seria egoísmo da minha parte não te desejar felicidade. Seria egoísmo acreditar que ao meu lado você estaria mais feliz. Seria muita pretensão pensar que ninguém mais seria capaz de te amar como eu te amei um dia.

Você merece tudo de melhor. E esse cara aí deve ser o homem mais sortudo deste mundo por ter você.

Não. Essa não é uma carta de amor. Não estou triste, mas sinto um aperto no peito. Acho que qualquer um se sentiria assim.

Um dia, se este texto chegar até você, saiba que quando eu soube do seu casamento eu te desejei uma vida de momentos lindos e cheios de amor. Desejei a nossa felicidade. A minha e a sua. Nós merecemos.

Um dia, caso você se sinta confortável, espero que sejamos amigos. Mesmo que amigos distantes, que ficam de marcar algo e nunca marcam nada.

Um dia, se precisar, conte comigo.

Hoje, no dia do seu casamento, no dia mais feliz da sua vida e da vida de quem está tendo a sorte de casar contigo, eu não estou feliz, mas também não estou triste. Estou em paz.

Fizemos o possível. Tentamos até onde deu para tentar. Encerramos o nosso ciclo. Agora é a hora da travessia. Você segue a sua vida e eu sigo a minha.

A felicidade nos espera. Nós merecemos.

A MATURIDADE CHEGA PARA TODOS. Uma hora a gente aprende a se virar. Uma hora a gente aprende que a vida é muito maior do que os planos que a gente traçou milimetricamente. Uma hora a gente aprende que as coisas dão certo, mas também podem dar errado. E não há nada que possamos fazer para mudar isso.

Uma hora a gente aprende que cada coisa tem o seu tempo. Que nós temos o nosso próprio tempo. Que oportunidades passam pela nossa frente o tempo inteiro. E que algumas oportunidades passam e devemos agarrar com força, pois elas serão únicas chances.

Uma hora a gente aprende que a família é tudo o que temos. Que alguns amigos a gente vai poder chamar de família, e isso não tem nada a ver com o tempo de amizade.

Uma hora a gente entende que, quanto mais cedo a gente aprender a ser só, menos frustrações iremos enfrentar.

Vai chegar a hora que, com todos os machucados, cicatrizes, arranhões e coração partido, vamos dar uma chance para o amor de novo. Mas isso não significa que estaremos imunes a novas decepções.

Um dia, sentaremos na sala de casa e olharemos o horizonte pequeno entre o sofá e a televisão. Vamos tentar, em uma tarde qualquer, fazer os novos jovens entenderem coisas simples da vida.

Seremos filósofos e sábios. Maduros e espertos. Mas não nos restará tempo para colocar metade do que aprendemos em prática.

Meu pai me disse uma vez: "Amadurecer dói tanto... pena que só serve para morrer".

NEM SEMPRE VAI SER COMO VOCÊ IMAGINOU. Nem sempre você vai acordar de bem com a vida. Nem sempre as coisas darão certo. Nem sempre vai ser um dia bom.

O amor da sua vida não será como uma música dos Los Hermanos te esperando na fila do pão. Nem com as características que você jurou, nos bate-papos com amigos, que era a sua preferência.

Aquele concurso que você tanto almeja não chegará na primeira prova. E talvez nem na quinta tentativa. Mas continue tentando.

O emprego dos seus sonhos pode chegar, mas será repleto de colegas de trabalho que precisam fazer terapia. Inclusive, faça terapia para lidar com eles.

A sua mãe pode ser a melhor mãe do mundo, você enfrentará alguns problemas com ela. Por excesso de amor, em alguns casos. E, talvez um dia, os papéis se invertam. Esteja preparado e de coração aberto.

O casamento perfeito será repleto de fórmulas matemáticas complexas difíceis de resolver. Às vezes, na lua de mel ou antes dela. E acredite: existirão momentos em que a paciência e o respeito terão de ser maiores do que o amor. Só não esqueça que você existe na relação. Nunca despareça.

Os filhos serão anjos problemáticos. Um dia, você será chamado de pior mãe ou pior pai do mundo. Não os leve a sério, nem se culpe. O maior investimento que você pode fazer por um filho é dar amor. O resto é consequência ou, como diz a minha mãe, karma.

A vida não é tão fácil. As coisas ficarão terríveis em alguns momentos, mas, quando a tempestade ficar muito forte, lembre-se de que tem gente enfrentando furacões e sobrevivendo.

Você também sobreviverá.

VOCÊ PODE TRAPACEAR, ROUBAR NO JOGO, PUXAR O TAPETE OU VENCER ATROPELANDO AS PESSOAS. MAS A VIDA COBRA A CONTA. E COBRA CARO. Cedo ou tarde. Lá na frente ou logo ali, na próxima etapa.

Você pode acreditar que a vitória é dos espertos. E que ser esperto é ser desonesto. É fazer o que, no seu julgamento, todo mundo faz.

Você pode observar de longe alguém se dando bem fazendo maldades ou aplicando golpes. Escolhendo sempre o caminho mais fácil. Construindo palácios com a desgraça alheia.

Só não duvide da conta. A conta que chega mais dia, menos dia. Que cobra um preço alto. Que derruba os mais altos dos palácios.

A roda-gigante da vida é generosa com quem merece e cruel com quem precisa.

Ande certo, pelo certo, faça o certo.

AGRADEÇO ÀS CONEXÕES QUE EU TIVE. Às pessoas que conheci ao longo da minha jornada. Agradeço aos amigos de longas datas. Aos amigos que chegaram agora. E aos amigos que ainda irão chegar. Mas agradeço principalmente aos amigos que estão ao meu lado para todas as coisas. Que permanecem junto comigo, e firmes. Na presença física ou virtual.

Agradeço de coração ao que aprendi com cada pessoa que se aproximou de mim. Às lições que ficaram e que foram com elas. Que partiram de mim.

De cada um aprendi um pouco, mas também sei que fui capaz de ensinar alguma coisa. Sempre acreditei que nada é em vão. Que não é por acaso. Que não somos aleatórios.

Agradeço demais aos amores que partiram o meu coração. E que fiquem certos de que não me restou mágoas ou ressentimentos. Hoje só sinto que eu tive o amor comigo e aprendi muito com o que eu senti. E agradeço por isso.

Cada abraço, sorriso, mãos dadas e sonhos compartilhados deixaram na minha bagagem o suficiente para eu continuar caminhando.

Se hoje eu sou do jeito que eu sou, se hoje eu sou este emaranhado de coisa, de gente e de mente, foi graças às conexões que eu tive.

E que venham mais. Sigo em constante aprendizagem.

EU QUERO SER QUEM EU SOU. Em qualquer lugar que eu vá. De qualquer jeito. Com a roupa que eu quiser usar. Eu quero ir aonde me sinto bem. Aonde me sinto livre. Aonde os sorrisos são leves.

Eu quero ser quem eu sou. Nas relações que eu cultivar. Nas histórias que eu compartilhar. Dentro da minha casa. Ao lado da minha família. E quem não me aceite que lute.

Eu quero ser quem eu sou. Cantar música fora do tom. No chuveiro. Na sala. Enquanto cozinho qualquer receita condimentada. Eu quero testar o que é bom. Errar para acertar.

Eu quero ser quem eu sou. Desafiar o improvável. Superar o impossível. Quero cair e levar um tombo para aprender. Não quero ser todo mundo, como previu minha mãe.

Eu quero ser quem eu sou. Amar do jeito que eu acho certo. Olhar o amor como uma única estação com trens viajando para diversas possibilidades. Eu quero pegar esse trem. O trem das onze, o trem do amor que o Sine Calmon cantou. O trem das sete do Raul.

Eu só quero ser quem eu sou.

PARTE III
LUZ E ILUSÃO

Vai chegar o dia em que a luz entrará pela janela do quarto e eu vou despertar para o recomeço que eu mereço. Eu vou entender que nada do que passou me pertence mais. Que eu posso ser mais e melhor do que fui. Que eu posso revisitar o que vivi para alinhar o que ainda não vivi. Que eu posso pensar mais um pouco em mim. Vai chegar o dia em que eu falarei com o Sol e ele responderá com brilho, calor e um dia lindo lá fora. Nesse dia, eu não serei mais seu como antes. Não terei mais sede dos seus beijos como ontem. Não reclamarei da saudade e nem te ligarei sem querer só para escutar a sua voz, como fiz agora há pouco. Enquanto esse dia não chega, vivo a ilusão que me resta. Tento me convencer de que você não presta, ainda que o amor reconstrua a sua perfeição para mim todos os dias. Todo santo dia. Até o dia em que a luz entrará pela minha janela anunciando que você me perdeu de vez.

TODOS OS DIAS EU ENCONTRO UM MOTIVO POR MIM.

Um motivo para continuar seguindo onde eu esteja no comando da minha própria história. Um motivo para aceitar a minha intensidade e aprender muito com ela. Aceitar que eu não tenho poder sobre o sentimento do outro e ninguém deve ter o poder sobre mim.

Todos os dias, eu encontro um motivo para superar. Uma queda, uma derrota, um sonho que ainda está distante de chegar.

Uma poesia incompleta. Uma história que fugiu da minha inspiração. Todos os dias, tento pegar de volta o que eu perdi em algum dia.

Olho o mar. Respiro fundo. Sinto-me em casa. E, de frente pro mar, eu encontro inúmeros motivos. Revivo as ideias incríveis que perdi em algum momento turbulento. Eu reconheço cada passo que dei.

Muitas vezes a gente procura "motivos" para superar e continuar nas coisas complexas e inalcançáveis, mas tudo o que a gente precisa aprender é escutar o principal motivo de tudo: você.

Se você entender que é o seu principal motivo para continuar, seguiremos juntos. Tentando, nos arrebentando, até vencermos.

TODOS OS DIAS UM MOTIVO ME DIZ: "SEGUE EM FRENTE". E EU SIGO.

PREFIRO SER FELIZ DE VERDADE A DISFARÇAR TRISTEZA COM FELICIDADE. Eu quero abraçar a felicidade. Aproveitá-la no volume máximo. Dançar com ela no forró, levar ela para passear no Parque da Cidade.

Eu quero ser feliz de verdade. E, no dia em que eu acordar triste, eu quero ser triste, também. Quero que as pessoas saibam que eu posso ficar triste. É um direito meu. E quero usufruir desse direito.

Eu quero me permitir ficar triste em alguns momentos, para ser feliz de verdade quando a felicidade entrar pela porta da frente. Sem ser anunciada e sem dizer por quanto tempo vai ficar.

Não vou disfarçar minha tristeza para agradar ninguém. Quero curtir a minha tristeza, chorando ao assistir filmes sozinho em casa ou sentado ao lado da Dona Zélia e do Jorge no Rio Vermelho, fixando o olhar no pôr do sol. Observando a felicidade que passa enquanto eu sou triste por alguns instantes ou por um dia inteiro.

Tudo isso para, quando eu estiver feliz, eu ser feliz de verdade. E aproveitar cada instante de segundo. E tentar encontrar motivos reais para fazer aquela felicidade aparecer ainda mais vezes. E sentir o cheiro da felicidade quando ela estiver se aproximando.

Não se engane, caro leitor. Se me virem rindo por aí, podem apostar que é o sorriso mais verdadeiro que já viram na vida.

ANTES DE QUALQUER COISA, SEJA UM CASAL AMIGO. Um casal que conversa. Que se entende através do olhar. Não tentem ser perfeitos, mas tentem respeitar as imperfeições do outro. Não queiram falar tudo de vez e de cabeça quente, mas tentem escutar o que o outro tem para falar.

Antes de qualquer coisa, coloquem o respeito na mesa. Levem o respeito para o quarto. Tragam o respeito para cada fase da relação de vocês.

Antes de qualquer coisa, nunca deixem o indivíduo de lado. Coloquem a liberdade de cada um na rotina do casal. Insiram as suas vontades, sem violar a vontade do outro. Liberdade na vida é ouro que não deveria se perder em uma relação.

Antes de qualquer coisa, tentem fazer aquilo que vocês amam. Apoiem o sonho do outro. Deem força para o outro continuar lutando. Sejam o parceiro e a parceria necessários. *Não é possível* fazer alguém feliz se estiverem frustrados na vida, e nem serem felizes ao lado de uma pessoa frustrada.

Antes de qualquer coisa, prioritariamente, se amem. O amor não é um acordo, um espaço de tempo ou uma aposta vazia. O amor faz acontecer. Então, amem-se para continuarem juntos.

PERDOAR NÃO É ESQUECER. MAS FICAR REMOENDO ERROS DO PASSADO A CADA NOVA BRIGA É COLOCAR A RELAÇÃO DE VOCÊS NA GUILHOTINA E COM UM TEMPORIZADOR NA VELOCIDADE MÁXIMA.

É HORA DE DAR O BASTA QUANDO AS LÁGRIMAS FOREM CONSTANTES. É hora de pensar em você e na sua felicidade. Não tenha medo do futuro, quando você não se encaixa mais.

Não tenha medo de ter a coragem de colocar um fim em uma história que não é mais a sua história.

Se só você se esforça, só você quer tentar, só você arruma soluções enquanto o outro elenca os problemas, é hora de dar o basta.

Eu não quero enxergar mais tristeza nesse olhar, que lutou tanto para ser amor e alegria. Eu quero te ver sorrindo de novo. Amando de novo quando for possível.

Mas agora é a hora de dar um basta. Se ninguém te disse isso ainda, eu digo: "Respira fundo, toma coragem. Você já sofreu demais com isso aí".

UMA PEQUENA LISTA DE COISAS QUE ME FAZEM BEM:

[ ] Não ceder às provocações de quem só se aproxima de mim para tirar a minha paz.

[ ] Tentar sem perder a esperança.

[ ] Perder uma partida sem perder a fé no jogo.

[ ] Ser sincero sem ser grosseiro.

[ ] Dizer a verdade, ainda que eu perca alguns privilégios.

[ ] Ter relações saudáveis no meu dia a dia.

[ ] Reconhecer um erro meu e tentar melhorá-lo.

[ ] Fazer o melhor que posso em uma atividade, independentemente dos benefícios que virão.

[ ] Saber que tenho amigos com quem posso contar.

[ ] Pegar tudo o que deu errado e fazer dar certo.

NÃO QUERO FICAR POR AÍ DISTRIBUINDO RECLAMAÇÕES. Falando dos meus problemas de qualquer jeito e para qualquer um. Muitas vezes, você irá notar uma preocupação por trás do meu sorriso, mas vai ficar tudo bem. Se tem uma coisa que eu aprendi ao longo da minha – nada mole – vida foi isso: sempre fica tudo bem.

É difícil manter tudo em você de pé quando tudo lá fora desaba. É difícil ter esperança quando as decepções o cercam. É difícil ter fé quando a tempestade tenta convencê-lo de que as suas orações não estão sendo ouvidas. Eu sei, tudo isso é muito difícil.

Mas eu descobri que é mais fácil guardar alguns momentos comigo. Tem coisas que são só entre mim e a fé em que eu acredito. Só isso.

E quando a vontade de reclamar parece mais forte do que a vontade de resolver, eu olho para tudo o que tenho e agradeço. Agradecer é um exercício simples para compreender uma importante lição: tem muita gente que daria o mundo para ter o mundo que você tem.

Eu não seria injusto reclamando da vida.

**TEM COISAS QUE SÃO
SÓ ENTRE MIM E A FÉ
EM QUE EU ACREDITO.**

TE ACONSELHO A ESCUTAR QUEM VOCÊ AMA.
A ouvir cada detalhe de insatisfação. A entender que, muitas vezes, você também precisa mudar.

Te aconselho a entender quem você ama. Não aceitar tudo de qualquer jeito, mas aceitar que você está ao lado de alguém com inúmeros defeitos e uma história na bagagem.

Te aconselho a compreender as fases de quem você ama. Vai chegar o momento da paixão ardente, do sexo selvagem, das declarações no meio de um dia tenso, mas também vai chegar o dia em que a outra pessoa vai se ocupar correndo atrás dos sonhos dela. Vai precisar adiar um jantar romântico para cumprir uma agenda importante, mas isso não significa que você deixou de ser importante.

Te aconselho a aceitar que o amor é um processo de amadurecimento. Virão os filhos, os boletos, as prestações atrasadas, um desemprego ou doença inesperada, e tudo ficará de ponta-cabeça.

Nessa hora eu te aconselho: seja o melhor parceiro ou a melhor parceira do mundo. Em uma história de amor a dois, sempre terá o momento em que um precisará mais do outro. Do apoio, do carinho, da atenção, do dengo e do respeito.

Então, voltamos ao início deste texto, caro leitor:

Mais do que ouvir o que outro diz,
sinta o que ele quer dizer
e não consegue.

ACOSTUME-SE.

A vida é uma sucessão de novos hábitos. É uma roda-gigante em loop infinito. É a mudança inesperada. Um amor que você nunca imaginou que fosse acontecer e que, simplesmente, acontece.

Acostume-se, pois nem sempre o que parece imutável irá durar para sempre. Esteja com disposição para aceitar o que virá de repente.

Acostume-se a ter que pegar as suas coisas e mudar, arrumar as malas, viajar. Ou ir embora de vez. Acostume-se com o relógio trollando o seu tempo. Mostrando quem manda.

Acostume-se com as pessoas que você ama indo morar em outros lugares. Filhos saindo de casa, mães assumindo estrelas no céu, amizades começando ou se reinventando a cada novo problema na sua vida.

Acostume-se com você repensando e reaprendendo um pouco de cada coisa todos os dias. Acostume-se com as surpresas que você terá ao conhecer os seus limites.

Acostume-se com a rotina de um dia,
nunca para sempre.

TEM DIAS QUE EU ACORDO E QUERO O SILÊNCIO.
Quero só o movimento do barulho do vento. Quero uma música calma que abrace a minha saudade. Quero o cheiro do café quente caindo na caneca.

Tem dias que eu acordo e quero viver mais. Aproveitar cada detalhe de um segundo que jamais saberei qual será o último.

Tem dias que tudo o que tenho quando acordo é a vontade de ficar quieto e deitado. No meu canto, do meu jeito. Sem ter que resolver todos os problemas que estão atrás da porta do quarto. Sem ter que enfrentar o trânsito.

Tem dias que eu acordo e quero fazer o que amo. Mas muitas vezes não posso. Em alguns dias eu levanto e a minha alma fica acorrentada na cama. Ela me deixa sair para viver no automático. E conviver em um mundo sem sentido e sem sentimento.

Tem dias que eu acordo e *é só isso*, mesmo.
Mas é para isso que a gente acorda, caro leitor.
Para sobreviver.

JÁ PENSOU SE NÃO FOSSE A FÉ? Como a minha mãe se levantaria todos os dias para cuidar da minha irmã Aline, que vive há trinta anos em cima de uma cama após um erro médico?

Se não fosse a fé, como a minha vizinha teria fôlego para se recuperar diante da perda de um jovem filho em um fatídico acidente de moto? Só a fé abraça as mães que esperam o tempo passar em suas dores internas e invisíveis. Se não fosse a fé, como uma colega sobreviveria a um tratamento agressivo contra o câncer? E da fé tirava o riso e a certeza de que tudo ficaria bem um dia. Se não fosse a fé, como seria a vida da minha prima, que, após anos de casada, precisou recomeçar a vida por dentro para sobreviver com o que restou na sua casa vazia.

Se não fosse a fé, como a minha irmã Lucinha suportaria o luto pela perda do Geraldo após cinquenta anos de casada? Se não fosse a fé, como eu escreveria todos os dias? Como eu abraçaria os distantes corações doloridos de quem me alcança através das palavras? Como você chegaria até esta parte do texto, se não fosse a fé?

Não digo a fé que lota as igrejas, que lota os bolsos dos que lucram com a fé alheia. Estou falando da fé destemida. A fé que enxergo ao olhar nos olhos da minha mãe.

A fé que sinto na vida da minha irmã Aline sobre a cama.

Estou falando da fé.
Essa mesma fé que fez o seu coração vibrar
ao ler este texto,
caro leitor.

APRENDI A PRESTAR ATENÇÃO NAS PEQUENAS COISAS. A admirar os pequenos gestos. A gostar do reservado. Do silêncio. Aprendi a aprender com os mais simples. A me inspirar naqueles que são honestos, apesar dos desafios que a vida impõe. Aprendi a olhar para mim com mais carinho. A cuidar dos meus gostos. E, ao tentar agradar alguém, eu comecei a prestar atenção se aquele agrado me feria.

Fiz uma faxina.
Comecei pela alma.

NÃO ESTOU MAIS DISPONÍVEL PARA QUEM SENTE POUCO. Para quem faz pouco caso. Para o que é mesquinho. Não tenho tempo para quem mexe mais no celular do que mexe comigo. Não quero sabores amargos na minha boca. Nem gente amarga ao meu redor. Quero olhar no espelho e sentir a liberdade em tudo, principalmente por dentro. Quero amar tudo ao mesmo tempo. Quero conexão, emoção, verdade e toque na alma. Tenho sede de vida quando me provocam energia nas minhas emoções. Quero ter por perto gente de alma boa. De abraço apertado. Que me faz gargalhar.

O tempo me mostrou tudo o que quero, tudo o que mereço. E me fez enxergar, principalmente, tudo o que eu não quero.

UM DIA, EU PRECISEI ABRAÇAR A PONTA DO HUMAITÁ E ELA ME ABRAÇOU DE VOLTA. Eu chorei por lá com o coração partido. Apreciei o sol chegando e falando sobre despedidas. Ao mesmo tempo, lia nomes de casais nas paredes do muro que separa a terra firme do mar. Vi nomes de casais riscados e fiquei firme ao perceber que quase todas as histórias de amor não duram para sempre. Enquanto o sol dizia ir embora, namorados passavam por mim deixando o rastro do perfume das paixões mais bonitas.

Algumas vezes, voltei à Ponta do Humaitá e enxerguei Salvador de longe, apesar de os pés estarem fincados em Salvador. Vi o mar intacto e ingênuo. Vi casais riscando as paredes. Ingênuos, coitados. Mas cheios de esperança. Já perdi amores por lá. Já recuperei tudo o que tinha perdido só para que, em seguida, pudesse perder de novo. Já perdi o pôr do sol, apesar de nunca acreditar que ele fosse capaz de ir embora de repente, depois de me encantar com toda a sua beleza.

Talvez algumas lágrimas que derramei ainda estejam por lá. Talvez o retrato dos amores que tive, das escolhas que fiz. Talvez o último beijo que dei. Existe algo por lá que nem eu sei. Só sei que é bonito. E não adianta dizer, escrever ou cantar o que sinto. Qualquer coisa, além disso, é especulação sentimental. É o lugar mais bonito do mundo, pois ali eu tenho o mundo nas mãos.

É o meu coração refletido no mar. É o menino saltando no mar. É o casal cheio de esperança dizendo "até logo" ao pôr do sol. É a vista da cidade sem prazo para deixar de ser bela.

É a cidade que quase ninguém vê.

Entre amores e fracassos, nunca me esqueço: a Ponta do Humaitá sempre me deixa mais ingênuo do que sou. Mais intenso do que fui. E quando o sol finalmente decide deixar o dia para as estrelas, acreditem: Salvador se torna, por completo, o lugar mais lindo do mundo.

SEMPRE ESCUTEI AS PESSOAS SE QUEIXANDO DO AMOR. Dizendo que o amor magoou, que o amor machucou. Que não ganharam nada amando e se dedicando demais. Eu também já pensei assim, mas amadurecer me fez enxergar o outro lado. Não o meu lado ou o da pessoa que não ficou. Mas o lado do amar.

Ninguém perde por amar. O que machuca é a nossa expectativa, o nosso egoísmo em querer que alguém que não se sente feliz fique ao nosso lado. O que machuca é a nossa vontade de fechar a gaiola. O que magoa, no fundo, é a nossa vontade desesperada de ter a posse da vida de uma pessoa. E, muitas vezes, o que machuca é a nossa baixa autoestima em acreditar que merecemos o pouco que aquela pessoa tem a nos oferecer.

Mas o amor ensina. Conduz, nos torna melhores dentro das nossas possibilidades. Por amor queremos tanto que, muitas vezes, nos perdemos. E perdemos quem tanto a gente amou um dia. Mas, no final, a gente sempre aprende. E vamos nos ajustando por entre as histórias que começam e terminam deixando sementes dentro do nosso coração.

Hoje eu amo, mas o amor do outro não me pertence. Tem uma cena no filme *Closer, perto demais* em que a personagem da Natalie Portman indaga ao seu ex-parceiro, após ele dizer que a ama: "Onde? Cadê esse amor? Eu não o vejo. Não posso tocar nele. Eu não sinto. Eu te ouço, escuto umas palavras... mas não posso fazer nada com suas palavras vazias". E, na verdade, é tudo isso. Não temos o controle de nada, só do que sentimos. Só nos resta amar, nos entregar e viver sem tentar sabotar esse sentimento lindo dentro da gente.

Muitas vezes vamos perder. Vai doer, vai machucar. Vai desidratar de tanto chorar. Vamos amar alguém que não era para ser nosso. E diante de tudo o que já vi, ouvi e vivi eu posso te dizer: amar e perder é melhor do que não ter amado.

É AMANDO QUE VAMOS
APRENDENDO, NOS
APERFEIÇOANDO,
TENTANDO NÃO ERRAR
TANTO QUANTO
ERRAMOS UM DIA
COM OUTRA PESSOA.

O TEMPO MUDOU E ME DEIXOU MAIS FIRME. MAIS ATENTO ÀS MINHAS VONTADES. MAIS FIEL AO QUE EU ACREDITO. O tempo mudou e me mostrou que um "adeus" cheio de orgulho pode, no fundo, esconder um "até breve" apaixonado. O tempo mudou e eu mudei com o tempo. E não existe tempo suficiente para ficar chorando pelo leite derramado. O leite que só derrama quando a gente sai de perto. O tempo das coisas que só acontecem no tempo certo. Dos amores que só permanecem quando sentem o cuidado. Da vida que floresce quando o tempo cede o espaço. Um tempo que muda e que muda o meu mundo com ele. E não adianta tentar segurar o tempo com as mãos. O tempo é água de chuva forte escorrendo pelos dedos. Levando tudo pelo caminho.

Um dia gritei pelo tempo quando ele passou, mas ele nunca olhou para trás.

O tempo não sabe brincar.

QUE VOCÊ SAIBA ENXERGAR

– o lado bom das coisas ruins;

– o lado bom das pessoas complicadas;

– o lado bom dos dias difíceis.

E o mais importante: que você alimente, todos os dias, o lado bom que existe dentro de você!

NEM TODOS OS DIAS SERÃO BONS, MAS AINDA SERÃO UM PRESENTE. Nem sempre serão flores na primavera. Nem sempre o sol lá fora será suficiente para acalmar a tempestade que me devasta por dentro. Mas, ainda assim, eu serei a própria chance. Eu me resgato todos os dias e me deito salvaguardando os meus pensamentos como uma prece. Uma oração para cada santo. Uma Bíblia aberta no coração é mais remédio do que uma fechada nas mãos de fachada. Luto para não entrar em guerra, mas passeio com tranquilidade nas trincheiras.

Não carrego nas malas o que passou. Nem faço muitos planos para um futuro incerto.

Se o amanhã é um contrassenso, eu serei o contratempo.

Dos bens guardados, meu bem-estar é uma poupança no banco da consciência. É que os ricos de alma não abrem falência nunca.

E, ainda que um dia eu perca tudo o que construí até aqui, eu pego o que restou do amor e recomeço tudo de novo.

SE EU PUDESSE TER A OPORTUNIDADE DE TER UM DIA AO LADO DAS PESSOAS QUE AMO E QUE JÁ NÃO ESTÃO MAIS AQUI, EU SÓ FALARIA DO AMOR QUE SINTO. Das coisas boas que deixei de fazer. Das boas palavras que deixei de dizer. Do abraço que não dei quando achei que teria bastante tempo. Se eu pudesse matar a saudade por um dia, eu tornaria aquele dia inesquecível.

Aproveitaria ao máximo. Perguntaria todas as questões. Tiraria todas as dúvidas. Se eu pudesse ter mais uma conversa com o velho Hermano, meu pai, diria a ele o quanto eu o amo e demonstraria a curiosidade para saber como foi criar dez filhos em um mundo tão complexo e difícil. E como foi a sensação de ter todos os seus filhos por perto no dia da sua morte. Eu tenho certeza de que isso emocionou bastante meu velho.

Se eu pudesse tomar mais um uísque com meu cunhado Nelson, eu pediria para ele contar todas as piadas. Todas que ele soubesse. Pediria que ele fizesse a mágica de desaparecer a moeda e o cigarro e me ensinasse o truque para que eu pudesse divertir os meus filhos e sobrinhos, como ele fez tão bem em vida. Se eu tivesse algumas horas a mais na minha rua, em Muritiba, ao lado de todos os meus vizinhos que já partiram, eu agradeceria tanto.

Dona Zeca, Dona Dinha, Louro Chiada, Anun, Dona Isabel, Dona Dú, Dona Zizi, Seu Augusto, Bengo, Seu Paulo e tantos outros queridos.

Reuniria todos em uma mesa e faria um brinde à amizade. E a como eles foram importantes para a minha vida. Se eu tivesse mais uma chance com Seu Borges, pediria que ele me ensinasse algumas palavras em esperanto. E uns minutos com a Tia Hildete seriam apenas para entender como aquela senhora da voz doce conseguiu enxergar tanta beleza no mundo.

Eu não gosto de cemitério. Já furei vários enterros, já evitei vários velórios. A vida é tão bonita e a morte, tão triste. Talvez não deveria ser tão triste assim. Quem sabe lá, do lado de lá, as coisas sejam melhores do que aqui. Ainda é cedo para saber.

Mas que fique claro: ainda estamos aqui e o tempo ao lado de quem a gente ama pode acabar de uma hora pra outra.

Então, que a gente aproveite.

Que a gente aproveite a vida e em vida.
Pois a saudade é cruel.

Não passa nunca.

ANDO AMANDO EXAGERADAMENTE. Meu coração fala em excesso. Sou água que transborda em lugares secos e olhos que incendeiam a escuridão. Todos os muros que derrubei viraram ponte. Todas as pontes que atravessei me deixaram mais forte. No túnel, quando não encontrei a luz, fui espelho. No fundo do poço, minha bagagem é uma mola que me lança para cima novamente. Por isso, quando acham que perdi, eu me encontro. Se um dia o amor acabar dentro de mim, não sei se sobreviveria a um dia. O olhar de quem não sabe amar não responde a nada, mas também não questiona. Não provoca. E a minha vida são dentes mordendo os lábios de tanta vontade.

A CASA DA VAIDADE ANDA CHEIA DE GENTE MORRENDO AOS POUCOS. Gente que não se contenta com o que conquistou e quer trapacear as conquistas alheias. Que deseja o inviável aos seus próprios limites. Que nasceu para voar, mas que prefere rastejar na floresta de lama com a intenção de sabotar o ninho dos outros pássaros.

A vaidade é de quem envenena a alma só para apagar a luz do outro. É quem poderia ser mais, no entanto prefere o mínimo. Pois não consegue ir além daquilo que pensa todas as manhãs. O dia todo.

E isso não tem nada a ver com conhecimento, com sabedoria, com intelectualidade ou inteligência. A vaidade, geralmente, é um sintoma desses todos.

Meu pai dizia: "Filho, aonde quer que você chegue e por onde vá, nunca esqueça de manter os pés no chão. Se policie, se vigie. Até que a humildade seja um hábito".

Como deve ser apertado o espaço de quem precisa apequenar o outro para se sentir grande.

Como deve ser triste saber que, sem a maldade, a vida não anda. E como deve ser tenso saber que, ao lado da maldade, um empurrão nunca é para a frente. Mas para derrubar o ego.

E preste atenção:
A vaidade não tem mãos
para levantar ninguém.

Sinto que seu amor me chama
em meio às chamas de uma cidade
em guerra com a saudade que sinto
O relógio avisa que já não temos tempo
que o tempo que tínhamos
você picotou com as poesias
que eu ousei escrever um dia
E no meio dessa agonia
nesta cidade que é você
em som, cor, tom e imagem
Minha vida entra em guerra
ao tentar acalmar um coração
que te escuta e ao te escutar
ouve o meu nome
E nada faz mais sentido
pois estamos sós
cada um em um canto
sofrendo e morrendo de amor
aos poucos.
Bem que o relógio avisou
"O tempo é cruel
e faz amores morrer em vida
para que nada mais faça sentido"

SONHAMOS ALTO E OS OUTROS ALERTAM PARA QUE OS NOSSOS PÉS SEJAM MANTIDOS NO CHÃO. Nos exigem notas, diplomas e um bom emprego. Já nascemos e, ao nosso redor, os olhares que nos acham fofos serão os mesmos que vão mandar a gente desistir de lutar para ser feliz. Vão pegar os nossos sonhos, amassar e jogar na primeira lata de lixo que encontrarem pela frente. Colocam a gente na fila para andar em linha reta aguardando o abate. Como se a felicidade fosse um tabu, a gente segue a boiada. Diplomados e empregados, ganhando um certo tostão por mês. Pagando as contas. Comprando remédios. Casando-se sem saber se é amor, colocando filho no mundo porque disseram que isso faz parte. Na igreja, no templo. Ouvindo e respondendo "amém" às promessas do paraíso. De longe, Deus nos observa com os olhos do sol, que dorme e acorda todo dia na esperança de que a gente vire a mesa. Mas a fila é grande e a vontade não pensa. Temos que seguir a boiada, mas no fundo estamos sozinhos. E que a gente tenha força de vontade e fé suficiente para ser feliz quando descobrirmos que não precisamos seguir essa boiada. E que não sejamos só mais um. Que a gente pense no todo. No Universo, em geral. Em cada detalhe que Deus nos deu para ser feliz e a gente desperdiça toda hora e todo dia.

É que não existe Bíblia debaixo do braço que nos salve das bobagens que fazemos ao outro para chegar ao pote de ouro.

O arco-íris prometido
é branco no preto.
Por isso, temos que descolorir
a caminhada.

Para desenhar a nossa própria
história.

EU QUERO AGRADECER POR TER APRENDIDO A ADMIRAR A MINHA PAZ. Por ter amadurecido o suficiente para entender o que eu mereço.

Eu quero agradecer por nunca ter deixado a minha fé de lado. Por sempre ter confiado no poder da minha oração.

Eu quero agradecer por olhar o lado bom da vida. Por não deixar ninguém mais bagunçar a minha, o que eu acredito.

Eu quero agradecer por ter me machucado o suficiente para aprender que só o meu amor-próprio vale a pena.

O que eu tenho para hoje é isso:

Gratidão por tudo
o que vida me deu
e por todo o mal
que ela afastou
de mim.

UM CORAÇÃO MACHUCADO É CAPAZ DE NOS ENSINAR MUITO. Foi assim comigo. A gente tenta, se esforça, quer muito uma coisa que já não é mais nossa e acaba se ferindo mais do que o necessário. Eu não tenho vergonha das minhas tentativas. Do que eu fiz por amor, do que eu disse por amor.

O amor nunca me envergonhou, caro leitor.

E ainda bem que eu aprendi nos tombos, viu? Ainda bem que, quando eu tropecei e caí, levantei-me mais forte. Mais livre. E mais disposto a ir em busca da minha felicidade. Acredite ou não, apesar do choro e dos machucados, eu não sinto que perdi nada. Nem terei a audácia de dizer que me perderam. Não!

O que era bom deixou de ser bom e ninguém merece ser infeliz.

Ninguém merece viver uma história por gratidão, por consideração ou por qualquer outro motivo que não seja o amor.

Algumas coisas a gente precisa deixar ir. Encerrar o capítulo. Abrir as janelas da alma e seguir adiante. Ter a coragem de começar de novo. De escrever novas histórias e viver novas emoções.

OUTRO DIA ME PEGUEI PENSANDO EM QUANTAS VEZES SOMOS JULGADOS. Como as pessoas colocam em dúvida os nossos passos. Difícil alguém se aproximar oferecendo um abraço, raros são aqueles que se aproximam com conselhos construtivos. Tem uma fase na vida em que só aparecem as pedras. No caminho, nas palavras das pessoas que a gente mais ama e até da própria vida.

No fundo, vamos moldando o nosso coração com o passar do tempo. Vamos ganhando a nossa própria confiança. Sabendo aonde vamos, com quem vamos e por onde vamos.

Hoje só sinto isso em mim.

Eu já fiz questão de querer explicar a minha essência, de justificar a minha intensidade. Já me desculpei por ser quem eu sou. Hoje eu apenas sinto, agradeço, e isso basta. Nada além das minhas conversas com Deus. Das lágrimas que a minha fé enxugou. Da chuva que inundou a minha esperança de medo. De tudo o que aprendi, na marra. Do que doeu e ninguém viu. Do que perdi sem querer. Do amor que, apesar de tudo e de todos, nunca morreu aqui dentro.

Agradeço a todos aqueles que, de alguma forma, me oferecem esse abraço de que preciso para enfrentar os velhos e os novos desafios.

**HOJE ME SINTO
CANSADO, MAS FIRME.
SEMPRE DE CABEÇA
ERGUIDA. PRONTO
PARA RECOMEÇAR.**

APRENDI QUE TUDO O QUE EU PERDI ERA O QUE EU NÃO PRECISAVA OU O QUE NÃO PRECISAVA DE MIM.

Aprendi a ser leve. A usar a paciência a meu favor. Aprendi que palavras curam, mas também machucam. Hoje, eu uso e abuso do silêncio.

Hoje, eu sei que eu mudei e continuo me transformando. Vivendo um dia de cada vez. Percebendo tudo ao meu redor mudar também.

É que as pessoas respeitam o amor de quem ama a si mesmo.

VOCÊ JÁ SABE O SEU VALOR E NÃO PRECISA SAIR POR AÍ PROVANDO NADA PARA NINGUÉM.

Você só quer paz e bem-estar. É só coisa boa no seu coração. No travesseiro, uma oração de gratidão.

Para os amores que partiram, uma lição. Para os que vão chegar, a sua alma livre de brinde. Pois agora é tudo sobre você, sobre o que você merece.

A felicidade bateu na sua porta.

De hoje em diante, as janelas estão escancaradas para amizades que somam. E na sua elegância de um sorriso sincero, o amor em tudo o que você faz.

O BOM DA VIDA É OLHAR NOS OLHOS DO FUTURO E NOS ENXERGAR AO LADO DE UMA PESSOA. Ao lado de um abraço. Fazendo parte de um coração. Vivendo uma história recíproca. Construindo as bases fortes de um amor que vale a pena.

Chegou a hora de pensar em você e no seu futuro. De sentar-se no banquinho da sua felicidade e deixar ela dançar com você.

VOCÊ JÁ TENTOU TANTO. JÁ FEZ TANTO. JÁ ARRISCOU TUDO. CHEGOU A HORA DE INSISTIR EM VOCÊ.

CHEGA UMA FASE DA NOSSA VIDA EM QUE ASSISTIMOS AO TEMPO PASSAR E BATE UM DESESPERO, NÃO É VERDADE? Achamos que o tempo tem passado rápido e que não estamos tendo agilidade o suficiente para alcançá-lo. Aquela pessoa que antes dos 25 anos já se casou, se formou, teve filhos e vive aparentemente feliz. Ou o vizinho que, aos 30, já conheceu mais da metade deste mundo tão grande.

Por muito tempo eu acreditei que existia um tempo certo para cada momento da minha vida. E isso me fez ter pressa. Pressa para me formar, para fazer tudo em tempo recorde nas minhas atividades profissionais.

Pressa para sair de casa. Pressa para ter um relacionamento equilibrado. Pressa para casar. Para fazer todos os cursos que eu queria fazer. Para viajar para todos os lugares que sonho. Mas depois eu descobri que não adianta se apressar nesta vida.

Nós temos o nosso próprio tempo, e não o tempo que nos tem.

Por isso, por muitas vezes, eu me atrapalhei ao querer adiantar coisas que ainda não estavam amadurecidas e, no final, não sabia lidar com aquilo para o que não tinha me preparado o suficiente.

É que a vida é tão mágica que nos torna únicos. Não é saudável atropelar as coisas. Sair correndo como se o mundo fosse acabar e ser inconsequente. Talvez por isso digam que a pressa é inimiga da perfeição – e ela talvez seja mesmo. Por isso, tem tanta gente formada em graduações apenas para suprir uma necessidade dos outros. Por isso, tem tanta gente infeliz em seus empregos. Por isso, tem tanta gente infeliz nos seus casamentos.

É preciso saber que não precisamos correr, mas viver. Sem pressa. Sem nos afobar e nos desesperar, pois estamos ficando "velhos" e a sociedade cobra uma resposta de uma vida, mas, no final das contas, só a gente sabe como viver bem, em paz e feliz.

PARTE IV
TEMPOS E TEMPERATURAS

É o meu tempo de ser feliz. É o meu tempo de ser intensidade. É o meu tempo de levar o amor comigo por onde eu for. É o meu tempo de sentir o calor das incertezas de um amor recém-chegado. É o meu tempo de renascer. De florescer. De acreditar de novo. De voltar a cometer novos erros. De chorar no cantinho do quartinho quando a certeza do não for mais que o beijo bom do sim. É o meu tempo de amar como adolescente irresponsável, fazendo juras de eterno amor que não vai durar um Carnaval. É o meu tempo. É o meu momento. E quem disse que seria o fim, se enganou.

NA MINHA JUVENTUDE, EU ACREDITAVA QUE O AMOR ERA SOMENTE PARA AQUELES AMORES QUE DURAVAM PARA SEMPRE. Mas amadureci descobrindo que cada instante é a eternidade para quem sempre decide morrer de amor todos os dias.

É o amar que me move e movimenta os meus passos. É a intensidade que guia a minha intuição. E eu sigo eternizando os amores que tive. Refazendo o meu coração entre cacos e vidros. Entre telhas e acaso. Pedras e espinhos. Pontes e barrancos.

Amar é a minha montanha-russa. A minha espera perfeita enquanto vivo cada uma das minhas emoções. Em cada segundo de detalhe.

Na palavra que salta da minha boca. Na ligação demorada. Na cor da flor que faz lembrar. Na cumplicidade de matar uma saudade aleatória.

Sou de tudo que amei e amo.

Por isso,
tudo que amei
tem durado
para sempre.

DE POUCO EM POUCO, EU FUI APRENDENDO A ME AMAR MAIS. ENTRE FERIDAS E CICATRIZES, MEU CORAÇÃO FOI FICANDO ESPERTO. De pouco em pouco, eu fui compreendendo os sinais da minha intuição.

Entre decepções e expectativas criadas, eu entendi que não devo esperar tanto dos outros, mas que sempre é válido cultivar os velhos e bons sentimentos.

De pouco em pouco, aprendi a respeitar os meus limites. E caindo, balançando, levantando e sonhando eu consigo enxergar a importância da minha história.

De pouco em pouco, todos nós aprendemos um pouco. Então, nunca diga que a canção está perdida.

A sabedoria do maluco beleza já nos dizia para ter fé em Deus e ter fé na vida.

Tente sempre outra vez.

DA MINHA VIDA, EU SÓ VOU LEVAR A MINHA ALMA.
Por isso, eu cuido tanto do jardim que floresce dentro do meu coração. Por isso, o silêncio se tornou tão importante na minha ansiedade de dizer alguma coisa, quando nada precisa ser dito.

Preservar a minha saúde mental foi a minha melhor escolha. Pensar assim abriu as portas do meu coração, tanto para quem chega, para quem quer ficar ou para quem, por algum motivo, prefere ir embora.

Eu costumo dizer isso aos meus amigos: "Escolha quem escolhe você".

SE VOCÊ PUDER, MUDE. O cabelo, o pensamento, o amor. Mude de casa. Mude a marca da cerveja ou do uísque. Mude de boteco. De restaurante.

Mude o tempo de volta para casa. Mude o caminho; de preferência, siga o caminho onde a natureza manifesta o respeito que tem por você. Observe mais.

Mude de cidade se sente que ela tira de você a essência. Mude de emprego se ele tirar o seu sossego. Mude de namorado, de namorada, de companhia se não for agradável. Mude os amigos, só não esqueça os bons e verdadeiros.

Mude de cantor preferido, de filmes. Conheça outros ritmos e artistas. Mude o instante que se faz no agora.

E aproveite para conhecer o mundo por outra percepção. Para conhecer pessoas e sensações diferentes.

Mudar muda tudo.

EU TE DESEJO AMOR. E, MAIS DO QUE O AMOR, EU TE DESEJO A PAZ. Pois amor sem paz não faz bem para a saúde.

Eu te desejo o prazer das boas companhias. E, mais que o prazer das boas companhias, eu te desejo a sua companhia. Pois não existe nada melhor do que o sabor de se divertir na própria solidão.

Eu te desejo sabedoria. E, mais do que sabedoria, te desejo humildade. Pois não existe nada mais triste do que um sábio preso na sua própria vaidade.

Eu te desejo riquezas. E, mais do que a riqueza, te desejo simplicidade. Pois o dinheiro um dia pode acabar e o que sempre fica são as conexões verdadeiras.

Eu desejo que amanhã você seja alguém melhor para os outros do que é hoje. E, mais do que ser alguém melhor para alguém, que você seja melhor para si. Perdoando--se, amando-se e cuidando do seu corpo, da sua mente e da sua alma.

MAIS DO QUE SER ALGUÉM MELHOR PARA ALGUÉM, QUE VOCÊ SEJA MELHOR PARA SI.

SIGO ME APAIXONANDO PELA PESSOA QUE LUTEI PARA SER. Compreendendo os meus limites. Entendendo o meu caos. Abraçando a minha história e todos os obstáculos que tive que enfrentar e ainda enfrento.

Sigo tentando melhorar os meus defeitos e me afastando daqueles que se colocaram como desafetos. Hoje eu não permito que ninguém me traga a falta de respeito, a falta de carinho e a falta de atenção na palavra amizade. Não me permito levar na bagagem palavras que não somam.

Não vou mais me expor à falsidade daqueles que tentam se aproveitar da minha liberdade em amar.

AMAR DE NOVO É BOM E VOCÊ MERECE. Não hesite, não recue. Jogue as armaduras para lá e vá na fé. Agora você já aprendeu, já entendeu e vai cometer novos erros. Para aprender mais. Para entender mais o seu coração e a si. Para exercitar a empatia com o amor do outro. Lidando com novos defeitos e desfrutando novas qualidades.

Ame de novo. Tenha medo, não.

É tão bom como se fosse o primeiro amor,

só que melhor.

SER FELIZ É UM INVESTIMENTO. A gente precisa investir em boas amizades, em abraços verdadeiros, em conversas construtivas, em amores que somam.

Ser feliz é cuidar do nosso coração. É dar e pedir perdão, tirando o peso da mágoa dos nossos ombros.

Ser feliz é acreditar que amanhã será um novo dia, apesar de todos eles. Apesar daquilo que nos aflige.

Ser feliz é mudar quando for preciso e quantas vezes preciso for. É ter a mente aberta, o peito aberto e a liberdade para voar com os pés no chão.

Ser feliz é urgente!

É TUDO O QUE QUERO DA VIDA E PARA A MINHA VIDA.

Quero sempre a leveza das boas histórias. Das amizades que chegam para ficar. Dos amores que chegam para somar e se vão para me ensinar. Dos caminhos que me levam além dos limites do meu próprio horizonte.

Quero a esperança que me movimenta sempre viva. E a sorte da luta e da labuta para conquistar os meus sonhos. Quero a felicidade que acontece neste exato momento. E agradecer ao dom de não deixar nada para depois.

Não quero nada de mais. Só o instinto aguçado e os braços abertos para a novidade. Quero poder viajar, carimbar passaporte, arrumar as malas. Levar quem eu amo junto comigo. Quero sair do lugar.

E, quando não me restar nada além do amor que tanto lutei para conquistar e manter vivo, quero agradecer. Pois nada levarei além da semente que deixei plantada no coração dos abraços que eu dei.

GOSTO DE PENSAR QUE SEMPRE EXISTE UM MOTIVO, MESMO QUE NÃO EXISTA NENHUM. Mas na minha cabeça o motivo está lá. E graças aos motivos que nascem e crescem as coisas dão ou não dão certo. Acontecem ou deixam de acontecer. Pessoas nascem ou morrem. Amores começam ou acabam. A vida dança em meio aos encontros e desencontros. Achados e perdidos. Problemas e soluções.

Um dia deixei de pegar uma carona para viajar, pois não tinha visto o celular tocar enquanto assistia na televisão a um jogo de futebol. Eu, que não sei nem quando o jogador comete uma falta, naquele dia, tive a bola na TV como minha distração. O carro em que eu estaria de carona capotou na estrada. E lá fui eu procurar motivos. Razões. Missões. Lá fui eu agradecer a Deus pelo livramento e ressignificar a minha vida inteira.

Não sei se os motivos existem lá fora, mas aqui dentro eles acontecem o tempo inteiro. Por alguma razão. Com algum propósito. No relógio imaginário e no invisível em que se fazem os mistérios desta vida.

Toda amizade
é um presente entregue
pelas circunstâncias
da vida

Toda amizade
é o sol que chega
entre as nuvens
de uma tempestade

Toda amizade
é um todo
de uma parte
do abraço
que Deus
nos manda

usando
por intermédio
o abraço de alguém
especial

"É UMA ÓTIMA PESSOA, MAS EU NÃO AMO."

O amor é gracioso. Esbelto. Suave. Soberano quando existe a disposição para amar. Não se deve confundir amor com pena. Com a gentileza de ter alguém legal do lado.

Amor é merecimento de ambos os lados. É tempo ganho quando existe reciprocidade. Não fique ao lado de alguém por considerar esse alguém uma boa pessoa. Fique ao lado de quem desperta em você fogo do carinho ao cuidado. Não se contente com o pouco. Não seja egoísta acreditando ser um altruísta.

O amor não é um benefício mensal. Não é a estabilidade dos concursos. Amor é aventurar-se melhorar com quem lhe despenteia. É provocar sentimentos. Um bem-estar atribulado. É a turbulência ao entrar nas nuvens.

Você merece ter uma pessoa boa ao seu lado, mas não ter uma pessoa boa ao seu lado apenas por ela ser uma boa pessoa. Você é maior que esse balcão de drogaria que se encontra em qualquer esquina da avenida Manoel Dias. Amor não é remédio. Não é solução oral nem um procedimento estético invasivo ou superficial.

Amar é a química em constante transformação. Parece ser impossível, mas ninguém é insubstituível. Talvez essa boa pessoa que te tratou como você merece só passou pela sua vida com esta missão: mostrar ao seu coração que o amar é cuidar de ambos os lados.

Saia do conformismo. Bagunce a rotina.

O amor é uma imensidão de coisas juntas que, separadas, não conseguiriam sobreviver nem por um segundo. "É uma ótima pessoa, mas eu não amo" – isso não é nem gostar. É um sacrifício desnecessário. Nem você, que é uma ótima pessoa, nem essa boa pessoa merecem perder tempo ao lado um do outro se não existe essa chama do sentimento viva.

O QUERER TEM FORÇA, MAS A INSISTÊNCIA EM ALGO QUE MACHUCA O CORAÇÃO ENFRAQUECE A ALMA.

Hoje, ando na direção dos abraços sinceros, dos olhares que me tornam bem-vindo. Aprendi a fazer o querer trabalhar ao meu favor.

Quero ser feliz, quero do amor o que for recíproco, quero aprender e melhorar, quero me cercar das boas e sinceras amizades, quero fazer da vida uma festa. E essa força do querer o meu bem-estar acaba me afastando de tudo o que é ruim, pesado, mórbido.

Meu recado ao Universo é bem objetivo: se vai me machucar, quero distância. Então, o Universo conspira a favor da minha paz.

ESTOU ABANDONANDO O OLHAR ARREPENDIDO. O que não foi vivido. As cartas que não foram lidas. Estou abandonando o medo da solidão.

Estou enfrentando tudo. Seguindo forte, firme e em linhas tortas. A cada curva uma surpresa. Quero festa dentro de mim. Quero alegria no silêncio de qualquer lugar. Quero o silêncio antes de pensar em dizer qualquer coisa.

Estou abandonando a inveja de uma vida que nem era minha. Que, para mim, serviria nem por um dia. Estou abandonando as dúvidas e assumindo o poder sobre mim.

Estou me conhecendo melhor. Reconhecendo a minha imagem no espelho através do reflexo. Quero mais um pouco de tudo o que tenho direito. Quero hidratar o meu corpo, bronzear a minha alma e encher o meu copo de qualquer bebida que me faça dançar qualquer música.

É que os ombros já pesaram demais. Eu já pensei demais. E já perdi demais. E já falei baixinho com os meus desejos por medo de errar.

Agora eu quero viver a vida no volume máximo.

E quem quiser que se vire para dançar essa felicidade comigo.

PEÇA DESCULPAS. Fora de hora. Na hora que tiver vontade. Quando chegar de viagem. Ou se chegar atrasado. Peça desculpas pelo amor que sente e não faz sentido. Pelo sentimento de verdade. Pelo que achou que era sério, mas no fim não passou de brincadeira.

Peça desculpas por esquecer. Peça desculpas hoje, amanhã ou algum dia da semana. Não importa, apenas faça o pedido. Ligue para a sua mãe. Para a sua filha. Chame aquele desafeto da família. Peça perdão a Deus, vá – ou às deusas. A qualquer um deles em que você acreditar. Peça desculpas pelo que disse e pelo que fez sem pensar. Pelos cem erros cometidos com a mesma pessoa.

Peça desculpas quando a desculpa gritar mais alto com o coração. E sair pela boca destravando cadeados. Incendiando mágoas. Peça desculpas por esbarrar na pessoa que acabou de passar por você. Peça desculpas ao seu cachorro por não ter tempo de passear com ele.

Peça desculpas. Sempre que puder.

Seja gentil.

E não se esqueça do mais importante: perdoe-se.

MINHA MELHOR COMPANHIA, O MEU MELHOR ABRIGO. O ombro amigo e as palavras que me dizem coisas que preciso escutar. Que conduzem os meus pés ao chão quando a minha cabeça anda nas nuvens.

O melhor abraço, aquele que reinicia e faz confiar. Aquela amizade em cujos gestos e atitudes acredito. Que muitas vezes não precisa dizer nada.

Não encontro em qualquer coração aquela vontade de desabafar. Muitas vezes somos cercados de pessoas e gente que diz e fala demais. Que opina demais. Que acha demais.

Por isso, eu digo que as amizades que eu tenho são especiais. Ficam guardadinhas nas minhas orações. São elas que protejo com unhas e dentes.

E que levarei para sempre no meu coração.

CORAGEM É SABER O QUE VOCÊ QUER. Mas também entender que, quando o que você quer não lhe faz bem, você precisa tomar uma atitude. Uma atitude dolorosa, mas necessária.

E foi preciso muita coragem para eu aceitar me virar com a saudade. Eu sabia de toda a dor e de todas as consequências. Eu sabia que você iria duvidar da minha capacidade de reagir. De agir. De ir embora.

É, meu amor. Olha eu aqui caminhando sem rumo certo. Mas com a certeza de que serei mais feliz. Uma hora vou redescobrir novos "quereres" de amor. De um amor que mereça o meu querer.

Mas, se for como você, eu não fico. Não ficarei jamais. Nem por um segundo.

Coração como o meu merece flores, não espinhos.

JÁ ACREDITEI QUE NÃO AMARIA MAIS COMO AMEI UM DIA. Me amarrei nas impossibilidades de um coração partido. De esperanças guardadas no armário e nas péssimas lembranças de uma história que não deu certo. Por muito tempo eu chorei.

Achei que o amor não me reconhecia. Que as minhas tentativas eram em vão. Que o esforço para amar era o destino do fracasso. Por muito tempo eu coloquei o meu coração na geladeira até a emoção passar. Devo ter perdido algumas pessoas legais pelo caminho por causa do medo.

Mas o amor é a minha essência. Era através dele que eu me protegia sem saber. Ele está em mim em cada batimento e a cada redescoberta. Por ele eu aprendi a recomeçar. E é lindo entender que é possível, sim. Que aos poucos a ferida vai sarando e a gente vai despertando para o melhor da vida.

Valorizando quem merece. Reagindo positivamente às novas chances. Admirando o esforço de quem não arruma desculpas para ficar. E a gente também acaba ficando.

É tão bom saber que podemos começar de novo. Independentemente da hora, do dia, do lugar. Da idade. Do momento. As chances estão por aí. Corações iguais em conexões reais em busca de um amor verdadeiro. Um amor que mora dentro da gente. Que nos pertence.

E que, na verdade, nunca deixou de ser. Apenas não deu certo uma ou duas vezes. Mas agora vai. Eu tenho certeza.

É TÃO BOM SABER QUE PODEMOS COMEÇAR DE NOVO. INDEPENDENTEMENTE DA HORA, DO DIA, DO LUGAR. DA IDADE. DO MOMENTO. AS CHANCES ESTÃO POR AÍ.

EU SONHEI COM VOCÊ. FOI UM SONHO BOM, APESAR DE TUDO.

Lá estávamos felizes vivendo o que não fomos capazes de viver na vida real. Lá éramos mais compreensivos. Perdoávamos erros banais com facilidade, sem remoer histórias antigas.

Sonhei com você esta noite e conversávamos com frequência. Fazíamos coisas juntos, ríamos juntos, programávamos passeios juntos.

Sonhei com você e o sonho era sobre nós dois. Era um sonho esfregando na minha cara como deveria ter sido. Como deveríamos ter agido.

Era um sonho me dizendo que nem sempre o amor será autossuficiente para sobreviver ao descaso. Era um sonho desmascarando a futilidade da rotina.

Acordei e percebi que você já tinha ido embora. Que faz tempo que não te vejo. Que já estamos seguindo as nossas vidas com outras pessoas.

Meu coração apertou, mas sonhar com você é uma lição para que eu nunca esqueça: quem não cuida de quem ama, perde.

EU SEI QUE VOCÊ SENTE FALTA, MAS É MELHOR ASSIM. Não adianta eu falar que você precisa parar de sofrer agora, pois não é dessa forma que as coisas funcionam. Você ainda vai questionar tudo, vai se revoltar com o amor, vai achar que não vai ser capaz de amar de novo, vai desejar nunca ter conhecido a pessoa que te magoou.

O luto de um relacionamento é um processo lento e doloroso. Mas não mata ninguém. Continue firme e forte vivendo os seus dias ruins. Eles são necessários, eles vão fazer você perceber coisas importantes. E o principal: eles vão lhe apresentar uma versão melhor de você mesma.

Aproveite esse momento em que o chão parece ter desaparecido dos seus pés. Aproveite as lágrimas para lavar a sua alma. E aproveite que o coração está partido para renová-lo.

Se você tem alguma crença, se apegue a ela como nunca. Mas não pense que tudo acabou, que acabou pra você. Muitas vezes, quando uma relação acaba é que a nossa vida começa.

E não me pergunte quando isso vai passar. Eu não saberia responder. Nem saberia te dizer o que fazer para que passe de uma forma mais rápida. Mas se você estiver disposta a entender que o ciclo se fechou, que você fez o possível por esse amor e que não era para ser sua essa história, tudo vai ficar mais fácil.

Lembre-se: a felicidade e os dias da gente aqui neste mundo são preciosidades incríveis que recebemos e não é justo que isso esteja nas mãos de alguém que não seja você.

Pode chorar agora. Não tem problema nenhum em você ser de verdade. Coloque tudo o que você tiver para colocar para fora. Hoje, amanhã, depois. Até um dia em que você acordar e perceber que, no fundo, não perdeu nada. Mas se livrou de uma história que não tinha mais para onde ir.

EU DIGO AOS MEUS AMIGOS QUE O MEU IRMÃO EDINHO É UMA REFERÊNCIA NO CUIDADO QUE ELE TEM COM A SUA ESPOSA NEUZA.

Na verdade, eu sou um dos irmãos mais novos e sempre busquei o melhor de cada irmão para seguir como exemplo. Mas aquele casal é especial.

A forma de tratar, como eles enfrentam as adversidades e como eu os vejo e enxergo unidade. E eu nem estou falando daquele casal de adolescentes em pátio de escola de que a gente pega ranço de tanto dengo. Falo do cuidado maduro, responsável. Da atenção e da percepção que os casais adquirem ao longo do tempo e que muitos se perdem do caminho.

De você se preocupar se o outro está bem, se ele já almoçou quando fica fora de casa, se já chegou de uma viagem quando pega estrada, se está usando o cinto de segurança no ônibus. De dividir as tarefas quando a vida a dois fizer morada e de ter atitudes agradáveis. Não agradar o outro por agradar, mas agradar, pois aquele gesto lhe faz bem.

É bom que a gente preste bem atenção na nossa relação, sabe? Que a gente converse com o nosso parceiro, que a gente diga as coisas que a gente sente. Que coloque os pontinhos, as exclamações e use as interrogações sempre que necessário. Casais que não se comunicam se trumbicam, meu amigo.

E tente fazer disso um hábito. Muitas vezes a preguiça, o cansaço e a correria do dia a dia nos colocam em confronto com as nossas vontades e acabamos, sem perceber, machucando quem mais precisa da nossa atenção. Então, pegue um copo d'água quando ele ou ela lhe pedir. Faça uma massagem. Ligue no meio de um dia corrido só pra dizer que sente saudade. Faça um jantar surpresa no meio da semana. Cuidem-se para que você se cuide.

O amor precisa de alimento, de sustância e de propósito para continuar florindo em nossos corações. Quando a gente deixa de cuidar de quem a gente ama, a relação deixa de fazer sentido. A demora só é o outro perceber isso para ir embora.

P.S.: Edinho e Neuza, amo vocês!

CARTA PARA O MEU PRIMEIRO AMOR

Não sei como vai você. Não sei por onde anda. Se ainda existiriam motivos para eu te amar como eu te amei um dia. Um amor raso de tão inocente. Incoerente de tanta intensidade. Improvável de tão possível.

Escrevo-lhe esta carta para dizer que sigo bem. Que depois de você eu encontrei outros amores. Alguns especiais e outros nem tanto. Alguns me machucaram e outros eu machuquei. Alguns chegaram e bagunçaram tanto os meus sentimentos, que até hoje eu não tive tempo de arrumar as coisas aqui dentro. Lembro-me de você, meu primeiro amor, como se as lembranças me fizessem cócegas.

Não sei como vai você, o que faz da vida, com quem se ajeitou. Se você sofreu por alguém que não te merecia. Ou se as decepções transformaram você em alguém que não merece ninguém.

Escrevo para te dizer que, sempre que percebo o meu coração perdendo o encanto, lembro que o amor era exatamente aquilo que sentia quando te conheci. Incoerente, improvável, inocente. E que o tempo vai testando essas coisas todas. Não te amo, nem te quero de volta em minha vida. Já encerramos o nosso ciclo. Apenas me refiro às sensações.

Às boas sensações que eu tinha quando eu conheci o amor. Quando eu ainda nem sabia que, por amor, conheceria o melhor e o pior das pessoas. O melhor e o pior de nós mesmos. Que eu estaria começando a aprender que amar é paciência, parceria, companhia, presença e, também, solidão. Eu achava que o amor vinha de fora. Que estava em você, e não em mim. Quando o amor era mais importante que o sexo. E falar de sexo era uma aventura.

Amamos como deveríamos amar. Do nosso jeito, no nosso tempo. O que veio depois vai passar, eu sei. Mas um primeiro amor será sempre o primeiro amor das nossas vidas.

EU AINDA ESTOU AQUI. Machucado com algumas coisas da vida. Atordoado com os amores que me deixaram. Em luto pelas pessoas que amo e que já partiram. Amando sem ter a certeza de que sou amado. Com os joelhos ralados e o coração apertado.

Eu ainda estou aqui. De pé, apesar de muitas vezes eu chorar no chão frio e desesperado. Apesar de todos os "nãos" e de todas as portas que se fecharam.

Eu ainda estou aqui. Para ser visto e notado. Alimentando a minha fé. Tentando me alimentar melhor do meu corpo. Tentando recuperar o fôlego. Tentando respirar sem me sufocar.

Eu ainda estou aqui. Vivo. Lúcido, apesar das loucuras que me cercam. Eu ainda estou aqui. Morrendo aos poucos, mas sobrevivendo dia após dia. Eu ainda estou aqui, tentando não me arrepender dos erros que cometi. Das oportunidades que perdi. Lutando contra a preguiça. Contra o medo que me assusta e me observa da janela enquanto enfrento outros medos. Contra as dívidas.

Eu ainda estou aqui.

De pé, apesar de tudo. Livre, apesar das amarras do mundo caótico. Intenso, apesar de as pessoas estarem nem aí.

Seguirei por aqui.

TEM GENTE QUE ABRAÇA A NOSSA CONFUSÃO.
Que aparece com um sol nas mãos no meio da nossa pior tempestade. Que nos oferece o abraço em vez do julgamento. Que é tudo no meio do nada que nos tira a paz.

Tem gente que faz do caos calmaria. Que vem de mansinho ou de repente. Que cuida da alma da gente. Que é oração. Cobertor no frio. Que não tem agenda que não nos caiba.

Tem gente que existe para nos ensinar a sermos melhores. E está ali, no cantinho, sempre pronta para nos dizer: "Não perca a sua fé jamais".

UM CAFÉ QUENTE. UM ABRAÇO APERTADO. UM SORRISO E UM AGRADO. Um bem-me-quer recíproco. O tempo me ensinou a cuidar de quem deseja a minha presença. De quem curte os meus abraços. E me mostrou que o desgaste para manter, para ter, para querer o que não me faz bem é energia desperdiçada.

Já tive o coração despedaçado algumas vezes. Gente que saiu por sair. Que deixou ciclos abertos, os quais eu me virei sozinho para fechar. Gente que nem respondia às minhas mensagens. Já tive que pedir desculpas sem ter errado. Já quebrei o relógio da vida para que o tempo não passasse e me levasse o que eu tinha de mais sagrado em mim: a esperança.

Hoje, eu não quero nada mais. Nada além. Nada que transborde um copo meio cheio ou vazio. Quero apenas a temperatura do café molhando os meus lábios e esquentando as minhas mãos.

E quem quiser compartilhar um momento sagrado desse comigo será sempre bem-vindo.

NÃO TENHO O QUE SUPERAR. Tenho que aceitar que acabou e continuar vivendo esse caos. Entender que você não estará do lado da parede da cama. Do meu lado na mesa do café na manhã seguinte.

Não tenho que superar isso. Só tenho que aceitar a despedida. Engolir o choro e caminhar até o trabalho, sabendo que não tem ninguém me esperando em casa no sofá. É óbvio demais eu não superar. Mas eu tenho fé, esperança, certezas confusas: o tempo vai curar essa ferida.

Eu vou vencendo um dia de cada vez. Esquecendo você admirando os muros pichados da cidade. Esquecendo você no silêncio do amanhecer de cada dia. No silêncio do quarto. No silêncio que faço ao perceber que eu não vou superar. Ainda é cedo. Mas eu vou suportar essa saudade que sinto até o tempo curar.

Até o sol nascer de novo na minha janela e não brilhar você. Até essa sua falta deixar de fazer sentido.

NO FUNDO, VAMOS FAZENDO ESCOLHAS SEM PERCEBER ATÉ CHEGAR A PESSOA CERTA OU O MOMENTO CERTO.

Escolhas tortas, erradas e precipitadas. Mergulhando na nossa própria intensidade para quem merece nos devolver em amor o que perdemos.

No fundo, nada é em vão ou muito menos por acaso. O "sim" e o "não" que recebemos. As portas que se fecham. Aquela relação que tinha tudo para dar certo e acabou de repente. A poesia que não rimou.

É clichê dizer que tudo está escrito? Pode ser.

Parece coisa de novela. Mas se você fechar os olhos por uns instantes e imaginar todas as histórias de amor e amizade, de trabalho e estudo que você viveu até aqui, vai chegar a uma única conclusão: todas elas foram necessárias para você ser, ter e merecer o que vive agora.

Então, paciência com o tempo das coisas.

Pode guardar este clichezão batido: tudo vai ficar bem.

PERMITO-ME PASSAR PELAS PROVAÇÕES DO AMOR.
Aprender, reaprender e repassar lições. Permito-me ter o direito a fazer escolhas erradas. Permito-me perder o caminho e a direção. Permito-me ganhar o mundo e ralar os joelhos no chão. O óbvio. O indecente.

Permito-me as atitudes improváveis.

Permito-me chorar quando a vontade vier.

Quando o amor de lá de fora machucar. Quando a saudade visitar. Permito-me não ficar bem o tempo inteiro. Permito-me não ser perfeito.

Mas aos que trouxerem a infelicidade,
não darei permissão – vitalícia.

PARTE V
ORAÇÃO E CORAÇÃO

Coloco a fé nas palavras por acreditar nos caminhos por onde andei. Em cada passo, não passei sozinho. A fé sempre fez morada em cada sorriso de felicidade que dei e enxugou cada lágrima que escorreu por minhas histórias. A fé sempre foi a companheira dos meus sonhos, do meu sono, das minhas viagens e contos. A fé sempre guiou o meu coração e sempre me deu razão. Sempre teve razão. Sou filho do tempo, do vento e das coisas da vida feito uma fé qualquer, mas nunca menos poderosa que a outra. Tudo me moldou para aprender um pouco mais, porém nada esvaziou a fonte doce de água calma que banha a fé que sinto, ainda que o mar da vida não esteja calmo.

KHALIL GIBRAN, UM FILÓSOFO E POETA LIBANÊS DE QUE GOSTO MUITO, ESCREVEU CERTA VEZ QUE "TARTARUGAS CONHECEM AS ESTRADAS MELHOR DO QUE OS COELHOS".

Penso muito sobre isso. A beleza em apreciar a estrada, entender o tempo do caminho. Sem pressa, sem confusão, sem pressão. Sem a estupidez de se comparar com o caminho do outro. Pois somos únicos e cada um de nós tem o seu próprio traçado. Uma linha com história, com problemas, com sentimentos e oportunidades diferentes. Recuar, ir mais devagar, adiar alguns sonhos.

Ninguém sabe, na verdade, o quanto abdicamos dos sonhos, dos amores e das vontades para continuarmos firmes. Um dia já me disseram que eu não iria muito longe e eu não fui capaz de me ofender com aquilo. De onde aquela pessoa estava ela não poderia enxergar o horizonte.

Meus sonhos me deram a visão de que eu precisava para eu acreditar. E quando a gente acredita que pode, quando a gente coloca o coração na vontade, portas e janelas se abrem. A luz entra. O vento favorece a maré. As boas energias têm cheiro bom e atraem a primavera. Como uma tartaruguinha eu vou, como diz a canção: Por que não, por que não?

Eu vou seguindo o meu destino, traçando a minha história. Admirando a beleza da estrada e dos abraços que encontro pelo caminho.

O coelho citado por Gibran pode até ter chegado mais rápido, contudo, no meu ponto de vista, a vitória já está acontecendo com os meus passos de tartaruga.

E eu ainda nem sei aonde vou chegar direito.

TALVEZ VOCÊ NÃO SAIBA, MAS EU TORÇO POR VOCÊ. Para que você melhore, para que você tire da sua vida tudo o que não te faz bem.

Talvez você não saiba, mas eu estou aqui. E coloco você nas minhas orações todos os dias. Fico feliz com as suas conquistas. Fico triste quando você não consegue avançar nos seus planos. Mas eu sei que você sempre arruma um jeito de superar, de se levantar de uma queda, de recomeçar de onde parou ou até mesmo do zero.

Talvez você não saiba, mas eu admiro muito toda a sua história. Sei de todas as suas renúncias, compreendo todas as suas dores, enxergo todas as suas feridas.

Talvez você não saiba, mas eu sei: as turbulências vão passar e você vai conseguir vencer todas essas tempestades.

E seja lá o que tiver e vier, eu estarei sempre aqui. Na torcida, no abraço e na oração.

Ao seu lado. Sempre!

EU QUERO TE CONTAR QUE AQUI VEJO VOCÊ SORRINDO DE NOVO. Se encontrando depois de se reerguer. Com mais disposição para viver a vida. Para recomeçar amando mais, fazendo mais por você. Se cuidando mais.

Quero te contar que, diante de tudo o que lhe aconteceu, sua essência permanece a mesma. E você não fala sobre o seu passado com ódio, ou mágoa. Você só deseja o bem. E isso te faz caminhar com as portas se abrindo à sua frente. Nenhum obstáculo parece maior depois que você voltou a sorrir.

Sua coragem desafia os problemas. E eles se apequenam diante da sua grandeza.

Quero te contar que você vai superar isso de agora. Essa dor vai passar. Essa angústia vai passar. Você vencerá esse desafio. Um dia, que não vai demorar, você vai levantar se dando conta de que está passando. Depois desse dia, acredite, você não sentirá mais a mesma dor que sente hoje.

E o mais importante: continuará sendo a mesma pessoa leve. Com a mesma alma de luz. Com o mesmo coração bom. Com o mesmo pensamento focado na esperança. Pois pessoas boas, anota isso aí, não se defendem buscando o pior de si.

Queria poder te contar mais. Entretanto o resto depende de você. Fica firme, viu? E tenha fé. Tudo vai ficar bem de novo.

QUE EU SEJA PACIÊNCIA QUANDO FOR TEMPESTADE. Que eu seja fé na turbulência. Que eu seja esperança na dificuldade. Que eu seja amor-próprio antes de ser o amor de alguém. Que eu melhore como ser humano. Que eu busque aprender com os erros. Que eu aceite perder e, mesmo sem saber quando irei ganhar, que eu aceite o tempo das coisas sem perder a vontade de tentar mais uma vez. E que Deus abençoe os meus dias.

**QUE EU SEJA AMOR-
-PRÓPRIO ANTES DE SER
O AMOR DE ALGUÉM.**

A GENTE SABE QUE A PALAVRA TEM PODER. AGORA, IMAGINE A FORÇA QUE EXISTE NA ORAÇÃO. Aquela em que a gente conversa com Deus, sem protocolo. Apenas com o coração. Eu sou um homem de fé. Já passei por muitas dificuldades, problemas e situações em que foi difícil enxergar o brilho do sol. E carregar essa certeza, bater esse papo com o Cara lá de cima sempre fez uma grande diferença.

Por isso, quando dizem: "Ed, você fala muito de Deus em seus textos. Tem gente que não acredita. Isso pode afastar os seus leitores", eu respondo: "No dia que Deus deixar de existir no que eu escrevo, nada do que eu escrevo terá sentido".

E antes que perguntem: sigo a doutrina espírita, mas me considero espiritualista. Acredito em tudo o que tem o amor e acho válidas todas as religiões que nos transformam em uma pessoa melhor.

EU SEI QUE NEM SEMPRE VAI SER PERFEITO. Sei que nem sempre teremos a maturidade suficiente para encarar os nossos problemas. Sei que nem sempre será como a gente imaginou que seria. Mas eu sei de uma coisa: é ao seu lado que eu quero enfrentar tudo isso.

Você tornou os dias mais leves, você transformou o meu sorriso de alegria em brilho de felicidade. Você cuida de mim de um jeito especial e esse seu carinho, meu amor, é único.

Somos esse turbilhão de boas emoções, essa união de boas energias, somos essa conexão quase perfeita e o resto que sobra, a gente se vira tão bem que nem sentimos a diferença.

Quando te vejo chegar lembro-me do Caetano falando que está "tudo lindo", com aquela voz de calmaria. E é desse jeito mesmo. Sombra e água fresca. Reforçando a intuição de que não darei um passo sequer sem o seu "se cuida", sem a sua oração ou sem o seu beijo da sorte, quente no dia mais frio.

Gratidão por cuidar de mim tão bem, por cuidar da gente de uma forma tão perfeita e por cuidar da nossa relação com o maior e mais lindo dos cuidados.

Te amo!

FOI LINDO O SEU JEITO DE AMAR. O seu carinho, a sua entrega e a sua vontade de construir uma história de parceria fizeram a diferença. Relaxa e fica com a consciência tranquila. Tudo de que você precisa neste momento é entender que não era pra ser. E você vai sobreviver, o tempo vai sarar essa ferida.

Amanhã o sol voltará a brilhar com força.

Pode chorar, pode desabafar e abraçar esse momento com a mesma intensidade com a qual você amou o que acabou. Só não deixe a mágoa tomar conta de você, nem vá se humilhar por quem não merece.

Um dia você vai entender tudo. Quando um novo amor surgir, você vai agradecer. Supere essa fase com o que existe de mais bonito em seu coração.

Vai ficar tudo bem.

Pode apostar!

A SOLIDÃO É UMA COMPANHIA AGRADÁVEL. Com ela eu vou ao cinema quando tenho vontade e como besteiras quando tenho necessidade, assisto a um filme pela metade e recomeço outro. Com a minha solidão eu aprendo muito sobre o que se passa dentro da minha cabeça e do meu coração.

Não tenho pressa por um relacionamento sério. A pressa é inimiga da perfeição e eu sei esperar. Quero que o tempo capriche e que o destino trace uma rota incrível de um encontro que some, complemente e que seja pura parceria.

Enquanto isso, eu sigo me divertindo. Ousando e abusando da minha própria presença. Compartilhando boas histórias e experiências.

Deixando a carência de lado para focar no que é mais importante: quando o amor chegar, ele tem que fazer valer a pena.

JÁ ENTENDI QUE DOER FAZ PARTE. Que vai doer muito para não doer igual nunca mais. Questionei o destino, o amor e a minha vida. Coloquei o amor em xeque pelo sofrimento que me causaram. Achei que nunca seria como fui um dia. Mas descobri algo maravilhoso: a minha essência é o que existe de mais bonito no meu coração.

Um dia eu acordei com uma certeza: nada será como antes. Fui transformando o meu querer alguém no querer de uma pessoa que se ama. Que valoriza a sua própria paz. É que de agora em diante eu não vou permitir que ninguém mais bagunce a minha vida novamente.

No fundo, eu ainda sonho com um amor de verdade. Pois o meu coração não merece ter as experiências ruins como parâmetro neste mundo. Foi só uma experiência ruim. E que bom que as coisas ruins chegaram, cumpriram o seu papel e foram embora. O segredo é aprender com os erros.

Hoje eu olhei a última mensagem de alguém que um dia foi muito especial no meu celular. Olhei a foto, me olhei no espelho e pensei feliz: *Eu não me importo mais.* Que sensação maravilhosa saber que não tem mais volta algo que não me fazia bem. Eu superei de novo. Aprendi mais ainda.

Não se importar mais não é esquecer. É lembrar-se de todas as coisas boas e colocar no caderno aquilo que fez você chorar. Doeu, machucou e acabou. Um ciclo se fechou para dar lugar a novas experiências. Afinal de contas, as histórias acabam, mas a gente tem que continuar o caminho e amando. Com a bagagem cheia e a intuição mais certeira.

**FOI SÓ UMA EXPERIÊNCIA
RUIM. E QUE BOM
QUE AS COISAS
RUINS CHEGARAM,
CUMPRIRAM O SEU PAPEL
E FORAM EMBORA.**

EU SÓ QUERIA TE DIZER QUE ESSE SORRISO MERECE O MELHOR DOS MELHORES AMORES DESTA VIDA. Tudo o que você viveu, amou, e todas as cicatrizes do seu coração foram te preparando para ficar mais forte e resiliente.

Por isso, não tenha medo. Ame e sinta o amor como se fosse a primeira vez. Sorria como adolescente no pátio da escola. Deixe o olhar brilhar para se reconhecer através do olhar sincero de quem se aproximar. Deixe acontecer. Deixe fluir.

Beije com vontade e abrace com verdade.

Chegou a sua hora de ser feliz.

EU QUERIA FALAR COM O SEU CORAÇÃO. Com o coração que está sofrendo, que está triste, que tem que disfarçar essa tristeza diariamente por vergonha, por medo, por receio de receber crítica. Desabafe. Converse. Coloque para fora. Sempre terá alguém disposto a te escutar. Sempre terá alguém que vai ficar ao seu lado.

Não deixe a barragem se romper. Procure ajuda. Nenhuma tempestade dura para sempre. Nem sempre estaremos bem e isso é normal. Natural. Não se cobre tanto pela tristeza que você sente.

Desacelera um pouco. Muitas vezes buscamos coisas materiais e esquecemos de sentir. Esquecemos de quem está ao nosso lado. Vivemos em uma intensa corrida contra um tempo que só joga a partida que ele quer. Pois só no tempo certo as coisas acontecem.

Então não se apresse. Não se angustie. Conecte-se com boas pessoas. Busque boas energias. Apegue-se a uma fé. Na sua própria fé. Na fé em você. Que você é capaz. Lembre-se disso. Todos os dias. E se tiver que chorar ao ler este texto, chore. Se tiver que ficar triste, fique.

E não se compare. Não acredite que alguém é mais feliz do que você por ter tanto. Ou que ter tudo é a chave para a sua felicidade. Apenas observe.

No final das contas, tudo é sobre você e sobre o que você sente. E quanto mais nós sentimos o mundo, mais nos cuidamos. E arrumamos tempo para reparar no outro. Na dor do outro. Na lágrima que o outro esconde.

Um beijo no coração.

NÃO É TRISTE SER SÓ. E não estamos falando de nada além de poder se enxergar só e não enxergar nenhum problema por isso. Você pode ser feliz na solidão. Na solidão por opção, na solidão passageira. Você não precisa se desesperar por companhia. Por ter alguém todo dia ao seu lado.

É uma lição difícil de aprender. Algumas pessoas acham isso impossível. Só saem se for com alguém, só viajam ao lado de alguém (Ah! Experimente viajar com você mesmo). Só se namoram se estiverem namorando alguém... NAMORE-SE!

Sei que tem muitos por aí com 20, 30, 50 anos que ainda sofrem por não terem aprendido essa máxima.

Quando compreendemos que podemos ser, que podemos ir, que podemos fazer e que podemos acontecer sozinhos, todas as outras lições se tornam fichinha. A gente tira de letra todo o resto.

A liberdade da solidão, na solidão e com a solidão não é ruim. Não é difícil... é surpreendentemente bom.

É uma delícia.

É LINDO SABER QUE PODEMOS SER O QUE QUISERMOS SER. É LINDO APRENDER A TER SEGURANÇA, A CONFIAR NAS SENSAÇÕES QUE MORAM DENTRO DA GENTE.

SE VOCÊ CARREGA UMA CRUZ PESADA, PENSE QUE ELA PODERIA ESTAR NOS OMBROS DE QUEM NÃO AGUENTARIA DAR NENHUM PASSO. Mas você, forte como é, consegue caminhar, ainda que esse caminho seja doloroso. E quantos ensinamentos você tira diariamente dessa missão?

Você anseia, fica impaciente, exagera na tensão. Balança as pernas e vai roendo as unhas, querendo que tudo se resolva daqui a meia hora. Mas Deus está lá em cima, preparando você. Moldando, aparando o jardim para que ele fique impecável. Lindo. Confortável.

Deus não arruma as coisas por acaso. Ele não coloca nada em um lugar que não tenha sentido. Que não tenha propósito.

Deus capricha, caro leitor. Então, por mais que esteja sendo difícil aguentar essa bagunça, mantenha a fé e a calma. Um dia você vai entender tudo. E compreender que isso tudo foi mais do que necessário.

PARTE VI
PAZ

Sigo mergulhando intensamente no que acredito. Acredito no futuro, no sol voltando a brilhar depois de grandes tempestades. Acredito que o amor não dói; ele cura. Cura os males, o mundo, os novos tempos. Cura as palavras que ferem. Apaga as chamas que ameaçam e consomem o fogo da liberdade. Minha alma é imune ao ódio. A esperança vive no meu olhar, nas minhas palavras e em minhas mãos. O fogo não me assusta mais. Eu já renasci das cinzas algumas vezes. As minhas bagagens estão cheias. O jardim está repleto de flores, caro leitor. E, ainda que o dia esteja nublado, para mim sempre será um dia de paz.

UM DIA VAI APARECER UM AMOR QUE VAI CONSERTAR TUDO. Que vai responder a todas as nossas perguntas, que vai nos fazer desdizer tudo o que dissemos ao longo da estrada. Que vai nos abraçar tão forte e que vai ter um sorriso tão lindo que nada mais vai importar.

Um dia aparecerá alguém na nossa vida, disposto a ser intensidade. A mergulhar conosco nos sonhos, a planejar um futuro com os pés no chão sem deixar de voar quando necessário.

Chegará o dia em que alguém irá segurar as nossas mãos e nos fazer entender os motivos que levaram as outras histórias a serem tão complicadas e complexas. Os motivos que fizeram grandes histórias se perderem do caminho, para nos colocar no caminho certo. Na rota de colisão com quem, realmente, fosse fazer a vida valer a pena.

Nesse dia, vamos tentar explicar, vamos tentar dar uma explicação lógica para esse encontro. Vamos pensar que se, talvez, não estivéssemos naquele lugar ou entrado naquela festa, ou feito aquela viagem, ou conhecido o amigo do amigo que nos apresentou a um outro amigo, que, em uma conversa qualquer, nos falou sobre essa pessoa que um dia chegaria e nos faria perder o fôlego e ganhar um sentido...

Um dia esse alguém vai chegar para você. Vai consertar cada pedacinho machucado do seu coração partido. Vai te ajudar, te incentivar, te apoiar e entender todas as suas manias estranhas.

E, ainda que não dure para sempre, esse alguém ficará guardado nas melhores e maiores lembranças de amor que você levará para a vida inteira. Em um potinho bonitinho. Bem guardadinho. Para levantar com um sorriso vez ou outra. Um dia, quem sabe...

UM DIA ESSE ALGUÉM VAI CHEGAR PARA VOCÊ. VAI CONSERTAR CADA PEDACINHO MACHUCADO DO SEU CORAÇÃO PARTIDO.

PARA VOCÊ, QUE ESTÁ COMEÇANDO UMA NOVA RELAÇÃO.

É um frio na barriga, né? Você, que já tentou tanto, que já quebrou tanto a cara e já prometeu tantas vezes não se entregar como antes, voltou à estaca zero. Com os quatro pneus arriados e sem estepe. Entregue a uma nova relação, se sentindo um adolescente com o primeiro amor na escola.

Deixe-me contar: aproveite. Nada neste mundo é em vão e ninguém aparece em nossa vida por acaso. Aproveite para fazer diferente, pra agir diferente e pra não deixar que os erros do outro lhe afetem como antes. Entenda que o seu amor-próprio é a base para sustentar qualquer relação.

Seja você, antes de querer agradar qualquer pessoa. Respeito não se conquista, se mostra. E se você mostrar a uma pessoa que o respeito mora dentro de você, ela não ousará jamais te desrespeitar. Coloque as cartas na mesa, mas não trate a sua relação como um jogo.

Seja leve. Olhe a vida com leveza e não coloque pesos desnecessários em assuntos irrelevantes. Entenda que, assim como você, todo mundo tem um passado e, muitas vezes, existem histórias que a gente não vai se orgulhar de contar, mas se orgulhar por ter sobrevivido. Por ter mudado para melhor, principalmente.

Não julgue, não ofenda e não caminhe com descrédito e desconfiança. Quando a gente recomeça, nossa experiência fala mais alto, mas não exagere. O que fizeram com você no passado não pode determinar as suas escolhas, e, principalmente, o seu novo amor não merece pagar por isso.

A vida vai te ensinar que existe beleza em cada recomeço.

NÃO BASTA PENSAR QUE VOCÊ É FORTE. É PRECISO SER FORTE. E é preciso ser forte, inclusive, para descansar quando o mundo desabar. Para chorar pelo amor que partiu. Por alguém que não vale a pena.

Não basta ser forte. É preciso ser forte e reconhecer que não deu. Que acabou. Que não era para ser. Que não somos nós a pessoa da vida de alguém que queríamos ser. Que não será, nunca mais, para sempre.

Não basta ser forte. É preciso deixar o luto entrar no nosso coração. Ficar o tempo necessário. Tomar um café, ler um livro, maratonar uma série inteira com o luto. Sair com o luto para passear e brotar no bailão com o luto.

Não basta ser forte. É preciso sentir a vida com todas as suas forças e fraquezas. E não tem problema você chorar, você sofrer de amor, você acreditar, por alguns momentos, que não terá mais vida após a morte de alguém que você ama.

Não basta ser. É preciso ter. A chance. O olhar para um novo dia. A lágrima escorrendo nos olhos. A saudade que traz à tona lembranças boas. A angústia que diz: "Foi melhor assim".

E, quando você entender que não precisa ser forte o tempo inteiro, você vai compreender a direção do seu recomeço.

Acredite. Sempre vão existir inúmeras chances de ser feliz em todas as vidas que a gente quiser viver.

VIVA TODAS AS DELÍCIAS DESSE RECOMEÇO E AME MUITO. AFINAL DE CONTAS, TODO MUNDO MERECE UMA NOVA CHANCE DE SER FELIZ. E, NESSE CASO, A SUA MÃE ESTAVA ERRADA: VOCÊ É TODO MUNDO.

PREZADO RECOMEÇO,

Achei que não seria possível encontrar forças para te reencontrar de novo. Já foram muitas as vezes em que nos cruzamos nesta estrada.

Quando o coração aperta, quando o desespero bate, quando a dor parece ser maior e mais cruel, eu sei que você virá.

Mas não virá à toa, de repente e nem de surpresa. Eu sei que você aguarda o meu chamado. Eu sei que você sente o meu preparo. Que você respira através da minha cura.

A cada reencontro, aprendo mais contigo. Sinto-me mais atento aos detalhes. Procuro errar o mínimo e acabo tropeçando em erros novos. Procuro andar na linha e, quase sempre, me perco.

Mas você, paciente, está sempre ali. De braços abertos. Com a estrada livre para eu passar com o meu jeito desenfreado e na velocidade que eu desejar.

Recomeço meu de cada dia. De cada dor. De cada amor que não deu certo do jeito que eu queria. De cada sonho que ficou pelo meio do caminho. Em cada olhar de quem foi embora e nunca mais voltou. De cada morte que me tornou pequeno diante dos mistérios da vida. De cada vida que chegou para reforçar o seu abraço: eu te agradeço.

Agradeço pelas lições deixadas. Pela esperança que restaura a mola que existe no fundo do meu poço. Pela luz que se acende no final do túnel. Pelas mãos que abraçam a fé nas minhas orações.

Agradeço, do fundo do meu coração, a oportunidade que eu tenho de sempre encontrar as forças que eu preciso em você.

De alguém que, por tantas vezes, precisou recomeçar,

Edgard Abbehusen

**UM ABRAÇO PARA
O QUE PASSOU.
BRAÇOS ABERTOS
PARA O QUE VIRÁ.**

**Acreditamos
nos livros**

Este livro foi composto em Cronos Pro e impresso pela Geográfica para a Editora Planeta do Brasil em março de 2021.